대화가 즐거워!

나를 빛나게 하는 어린이 사회성 기술
02 대화의 기술

대화가 즐거워!

초판 1쇄 발행 2009년 11월 13일
초판 11쇄 발행 2022년 5월 31일

글쓴이 | 김민화
그린이 | 안상정
펴낸이 | 김사라
펴낸곳 | 해와나무
출판 등록 | 2004년 2월 14일 제312-2004-000006호
주소 | 서울특별시 영등포구 양산로23길 17 2층
전화 | (02)364-7675(내용) / 362-7675(구입)
팩스 | (02)312-7675
ISBN 978-89-6268-040-9 74330
　　　978-89-6268-035-5 (세트)

ⓒ 김민화 2009

• 값은 뒤표지에 있습니다.
• 책 내용의 일부 또는 전부를 인용하거나 발췌하려면 반드시 저작권자와 출판사 양측의 서면 동의를 구해야 합니다.

제조자명:해와나무 제조국명:대한민국 제조년월:2022년 5월 31일 대상 연령:8세 이상
전화번호:02-362-7675 주소:서울특별시 영등포구 양산로23길 17 2층
*KC마크는 이 제품이 공통안전기준에 적합하였음을 의미합니다.
주의:책의 모서리에 다치지 않게 주의하세요.

나를 빛나게 하는 어린이 사회성 기술

02 대화의 기술

대화가 즐거워!

김민화 글 | 안상정 그림

해와나무

| 지은이의 말 |

열 살을 넘어선 친구들에게

사람들은 말을 할 수 있는 것이 사람과 동물의 가장 중요한 차이라고 설명하지. 사람은 말을 사용할 수 있는 뇌가 발달한, 고등한 능력이 있다고 하면서 말이야.

그런데 말이라는 건, 사람들이 함께 모여 생활하기 때문에 생겨난 거야. 혼자서 살아간다면 말도 필요 없다는 것이지. 말을 통해 다른 사람에게 자신의 생각과 의도를 전하게 되고, 또 말을 통해 다른 사람의 생각과 의도를 이해하게 돼.

이렇게 말은 서로의 소통을 위해 필요했고, 또 지금까지 그렇게 사용되어 온 거야.

그리고 소통을 위해 말이 오가는 것을 대화라고 하지. 어느 한쪽이 일방적으로 말하는 것을 대화라고 하지는 않잖아? 대화는 서로 간에 주거니 받거니 하는 말들로 이루어져 있어.

그런데 대화라는 게 말이야, 그냥 곧이곧대로 말만 오가는 것이 아니거든. 말과 함께, 말하는 사람과 듣는 사람이 서로의 감정, 태도, 생각을 주고받게 되는 거야.

그래서 대화를 할 때는 눈에 보이지 않는 힘이 만들어진단다.

어떤 대화는 서로를 미워하게 하지만, 어떤 대화는 서로를 사랑하게 하지. 또 어떤 대화는 전쟁을 일으켜 사람을 죽이기도 하고, 어떤 대화는 마음을 움직여 사람을 구하기도 한단다. 이런 힘의 차이는 '어떤 말을 하느냐' 보다 '어떻게 말을 하느냐' 에 의해 생겨난 거야.

너는 대화로 어떤 힘을 만들어 내고 싶니?

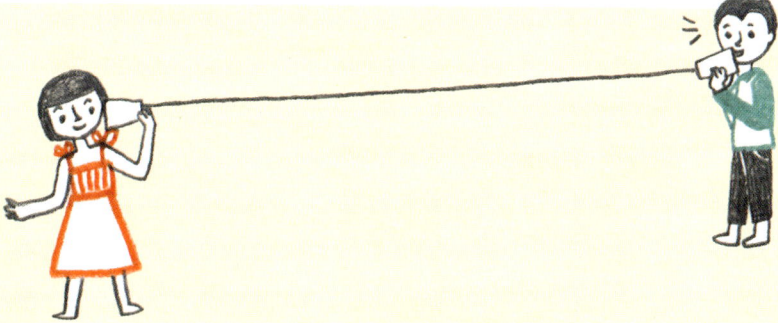

불쾌함 아니면 즐거움?

미움 아니면 사랑?

우리의 생활에 즐거움과 사랑이 넘치게 하고 싶다면 우리의 대화가 그래야 하겠지?

이 책은 네가 더 즐겁고 성공적인 대화를 나눌 수 있는 방법을 알려 주고 있어. 서로에게 어떤 말을 해야 하는가에 대한 것뿐 아니라 어떻게 말을 해야 하는가를 알려 주지.

어떤 일이라도 마음을 전하지 못해 고민스럽고 속상할 때 책 속에 나오는 친구들의 이야기와 즐거운 대화의 기술들을 떠올려 보렴.

그리고 한번 해 보는 거야!

그럼 아마 깜짝 놀랄 일이 일어날 거야. 다른 사람들도 너에게 즐겁게 말을 건네 올 테니까 말이지.

2009년 10월, 즐거운 함성을 담아

청동말굽 대장 아줌마

| 차례 |

| 첫 번째 마당 |
대화를 위한 기본 습관

| 두 번째 마당 |
마음을 나누는 대화

01 대화의 기본은 듣기
입보다 귀가 더 중요해 10

대화의 기술 · 하나
대화를 잘하는 방법은 무엇일까?

03 솔직하면 안 될 때
장군 다리와 된장찌개 36

대화의 기술 · 셋
거짓말이 필요할 때를 어떻게 판단할까?

02 소리 없는 말, 눈 맞춤과 몸짓
생일 초대 22

대화의 기술 · 둘
효과적인 몸짓 대화, 어떻게 할 수 있을까?

04 절대 손해 보지 않는 말, 미안해! 고마워!
휴대 전화와 지갑 52

대화의 기술 · 넷
마음을 움직이는 말, 어떻게 쓸 수 있을까?

| 세 번째 마당 |
좋은 관계를 위한 대화

05 공손한 표현 알기
바바리맨 68

대화의 기술 · 다섯
공손한 대화를 잘하는 방법은 무엇일까?

06 억지와 주장의 차이 알기
효 시스터즈 82

대화의 기술 · 여섯
효과적인 자기주장, 어떻게 해야 할까?

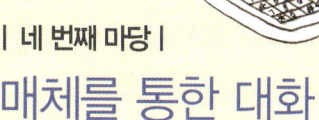

| 네 번째 마당 |
매체를 통한 대화

07 안 보여도 지켜야 할 전화 예절
여보세요, 누구세요 96

대화의 기술 · 일곱
전화로 하는 대화, 어떻게 말해야 할까?

08 문자 메시지, 편지에도 예절이 필요해
장난 문자 메시지 106

대화의 기술 · 여덟
글로 하는 대화, 어떻게 써야 할까?

| 첫 번째 마당 |

대화를 위한 기본 습관

01 대화의 기본은 듣기

입보다 귀가 더 중요해

"야 이것들아, 고마운 줄 알아!"

용준이가 개그맨 흉내를 내며 이야기에 끼어들자 아이들은 깔깔깔 웃음을 터뜨렸다. 신이 난 용준이는 그동안 텔레비전 개그 프로그램에서 보았던 온갖 우스갯소리들을 늘어놓았다. 아이들은 웃느라 정신이 없었다. 그럴수록 용준이는 더 신이 났다.

'역시, 내 말재주는 우주 최강이라니까!'

용준이는 절로 어깨가 으쓱해졌다.

용준이는 아이들 사이에서 재미있게 말 잘하는 아이로 알려져 있었다. 알고 보면 그것도 다 자기 나름의 노력이 있었기 때문이다. 용준이는 텔레비전에 나오는 개그 프로그램은 놓치지 않고 모조리 보았다. 혹시라도 못 보는 날이 생기면 녹화 예약을 해서라도 꼭 챙겨 보았다. 뿐만 아니라 개그맨을 똑같이 흉내 내기 위해서 남몰래 연습을 하기도 했다. 그리고 아이들이 삼삼오오 모여 있는 곳이면 어디든 끼어들어 우스갯소리를 늘어놓았다. 아이들이 배꼽을 잡고 웃는 모습을 보는 것이 용준이에게는 학교생활에서 가장 큰 기쁨이기도 했다.

하지만 용준이는 시간이 지날수록 이상하다는 느낌이 들었다. 아이들은 용준이의 말에 웃음을 터뜨리기는 했지만 그것뿐이었다. 용준이의 한판 개그가 끝나면, 아이들은 다시 자기들끼리 이야기를 나누었다. 게다가 더 이상한 건 아무도 용준이에게 먼저 말을 걸어오지 않는다는 것이었다. 용준이는 이제 몸 개그까지 섞어 가며 더 열심히 우스갯소리를 해 댔지만, 아이들과 이야기를 나누는 시간은 점점 줄어들기만 했다.

'내가 왕따가 되고 있는 걸까?'

용준이는 슬슬 걱정이 되기까지 했다. 그래서 그나마 지금까지도 자신의 개그에 호응을 보내고 있는 정훈이에게 물었다.

"이제 내 개그가 재미없어졌니?"

"뜬금없이 그게 무슨 소리야?"

"너한테만 하는 말이지만, 난 요즘 왕따가 되고 만 기분이야."

"왕따라니? 너처럼 친구 많은 애가 어디 있냐? 넌 우리 반 아이들 모두랑 친하게 지내잖아. 아마 전교에서도 네가 제일 인기 많을걸?"

"나도 그런 줄 알았어. 하지만 난 누구한테든 친하게 말을 거는데, 나한테 먼저 친하게 말을 걸어오는 애는 없는 것 같아."

"그러니? 그렇게 생각해 본 적은 없었는데……. 모두들 네 얘기를 재미있어하는 것 같았는걸!"

"그러니까, 그거 말고는 얘기가 안 된다니까! 내가 개그맨 흉내 낼 때 말고는 아이들과 얘기가 안 된다고. 다른 이야기는 자기들끼리 하지, 나랑은 이야기 안 해."

"음…… 그럴 수도 있겠다."

용준이는 정훈이의 태도에 '뭐냐, 저 녀석은……. 자기가 무슨 상담 선생님이나 되는 줄 아나?' 하고 생각했다. 그래도 정훈이에게는 속마음을 털어놓게 된다는 것이 신기했다.

"그럴 수 있다니?"

"네가 끼어들면 재미있기는 하지만, 계속 개그맨 흉내만 내니까 다른 이야기를 계속할 수 없잖아?"

"다른 이야기도 하면 되지, 왜 못해?"

"네가 다른 아이들의 이야기를 들어 주지 않으니까."

"뭐야? 내가 언제?"

용준이는 갑자기 화가 났다.

"니가 봤어? 봤냐고?"

"왜 화를 내냐? 그러지 말고 잘 생각해 봐. 네가 얘기를 하는 시간이 더 많은지, 얘기를 듣는 시간이 더 많은지."

자꾸 선생님처럼 말하는 정훈이의 태도에 더 부아가 났지만 틀린 말은 아니었다. 자신이 생각해도 잠자코 친구들의 이야기를 들어 준 적은 한 번도 없었다.

"아이들이 하는 이야기를 잠깐이라도 가만히 듣고 있어 봐. 그러면 아이들과 나눌 적당한 이야기가 떠오른다고."

용준이는 정훈이의 태도가 계속 거슬렸지만 뭐라 대꾸할 말도 생각나지 않았다. 그러고 보니 정훈이는 누가 무슨 이야기를 해도 잘 들어 주는 아이였다. 진짜 상담 선생님인 것처럼 아이들은 고민거리가 있을 때 정훈이를 찾았다. 용준이가 정훈이에게 고민을 털어놓았던 것처럼 말이다.

용준이는 정훈이의 말대로 아이들 사이에서 오가는 이야기를 가만히 들어 보았다. 전에는 몰랐는데, 아이들의 이야깃거리는 텔레비전 프로그램이나 게임에 대한 것만은 아니었다. 다양한 주제의 이야기가 오가고 있었고, 서로 의견을 묻고 생각을 나누고 있었다. 누군가 말 잘하는 아이가 일방적으로 이야기를 들려주고 다른 아이들은 듣고만 있는 것이 절대 아니었다.

이번에도 용준이는 이야기를 나누고 있는 아이들 틈에 끼어들어 이야기를 들어 보았다. 한 아이가 공부에 대한 고민을 털어놓고 있었다. 수학이 너무 어려워서 자꾸 하기 싫어진다는 것이었다. 마침 용준이는 수학과에 다니는 사촌 형으로부터 들은 이야기가 떠올라 말을 꺼냈다. 수학은 계산만을 하는 것이 아니라 마치 발명가와 같은 창의력이 필요한 학문이라서, 알고 보면 무엇보다 재미있는 것이 수학이라고 하더라는 이야기였다. 용준이의 이야기를 받아 다른 아이가 책에서 읽었다며 수학자에 대한 이야기를 이어 나갔다. 아르키메데스와 피타고라스의 이야기는 무척 재미있었다. 용준이는 자신이 개그맨 흉내를 낼 때보다 아이들이 이야기를 더 귀담아 듣고 있는 모습을 발견할 수 있었다. 뿐만 아니라 용준이 자신도 다른 아이들의 이야기를 열중해서 듣고 있었다. 이렇게 아이들의 이야기는 꼬리에 꼬리를 물고 이어졌다. 용준이는 개그맨 흉내에 책상을 치며 깔깔거리는 일 없이도 이렇게 재미있게 이야기를 나눌 수 있다는 것이 신기했다. 그리고 이야기는 할 때보다 듣고 있을 때가 훨씬 더 많은 이야깃거리를 만들어 낸다는 것을 실감할 수 있었다.

생각의 기술 · 하나

대화를 잘하는 방법은 무엇일까?

말을 잘하는 것과 대화를 잘하는 것

한번 말을 시작하면 그칠 줄 모르고 줄줄 이야기를 늘어놓는 친구를 보면서, 어쩜 저렇게 말을 잘할까 감탄한 적이 있었을 거야. 나도 그 아이처럼 말을 잘하면 얼마나 좋을까 생각도 해 보고 말이야. 하지만 상대방의 호응 없이 혼자서 늘어놓는 말을 대화라고 할 수는 없지.

대화는 어느 한쪽만 일방적으로 말을 하는 것이 아니라 대화를 나누는 양쪽이 말을 주고받는 거야. 서로 주고받는 것이 아닌 말은 혼잣말이나 다름없지.

대화 상대의 말을 잘 듣기

　친구 사이에 재미있게 말을 주고받는 대화를 계속하기 위해서는, 반드시 지켜야 할 기본 법칙이 있어. 바로 친구의 말을 잘 들어 주는 거지. 물론 말을 잘 듣는 것은 대화를 나누는 양쪽 모두가 지켜 주어야 해. 그래야 말을 주고, 받고, 주면서 대화가 계속될 수 있는 거라고.

　상대의 말을 잘 듣고 있어야 적절한 답을 해 줄 수 있어. 상대가 이야기를 하는 동안 자기가 할 말만 생각하거나 딴생각을 하고 있다면 엉뚱한 말로 생뚱맞은 분위기를 만들기 쉽지.

재미있는 건, 네가 상대의 말을 잘 들어 주면 상대도 네가 말을 할 때 잘 들어 주는 연쇄 작용이 일어난다는 거야. 이렇게 서로의 말에 귀 기울여 주는 대화를 나누고 나면 둘은 너무나 잘 통하는 친구가 될 수 있지. 한번 살펴보렴. 분명 다른 아이들의 말을 잘 들어 주는 아이가 훨씬 더 많은 친구를 가지고 있을 거야.

대화를 나누는 동안 지켜야 할 예의

잘 듣는 것이 대화의 기본이지만, 여기에 몇 가지를 더한다면 분명 대화의 달인이 될 수 있을 거야.

먼저, 친구가 한창 이야기를 하고 있는데 중간에 끼어들어서 말을 가로채거나 다른 주제로 돌리지 않도록 주의해야 해. 이런 태도는 상대의 기분을 상하게 해서 더 이상 대화가 지속되기 어렵게 만들거든. 네가 한창 이야기를 하고 있는데 누군가 말을 딱 끊어 버리고 자기 이야기를 하는 경우를 생각해 본다면, 이런 행동이 얼마나 기분을 상하게 하는지 상상하기 어렵지 않을 거야.

두 번째, 친구가 항상 재미있는 말만 하는 것은 아니잖아? 같은 말을 계속 반복하거나 별 흥미 없는 이야기를 계속 늘어놓기만 해서 대화의 주제를 바꾸고 싶을 때도 생길 거야. 그렇다고 상대를 핀잔주거나 하면 기분이 상하거나 괜한 싸움이 날 수도 있어. 이럴 땐, 예의 바른 태도로 "네 얘긴 정말 재미있었어. 이젠 다른 이야기를 해 보는 건 어떨까?" 하고 제안을 하는 게 좋아. "우리 ○○ 이야기를 해 보자!" 같은 말을 하면서 네가 이야기하고 싶은 주제를 꺼내는 것도 괜찮고.

마지막으로, 친구가 네 말에 끼어들 틈을 주는 거야. 쉴 새 없이 자기 이야기만 계속하면 그것이 아무리 재미있더라도 듣는 사람은 쉽게 지루해질 수 있어. 상대도 네 이야기에 관여하도록 만드는 것이 중요하지. 친구와 대화를 나누고 있는 도중에 새로운 친구가 함께 대화하고 싶어 할 때도 마찬가지로 새 친구가 끼어들 틈을 만들어 주는 것이 필요해. 그렇게 하기 위한 가장 좋은 방법은 상대의 의견을 물어보는 거야. "넌 어떻게 생각해?", "이런 게 좋은 것 같아?" 등과 같은 질문을 적절하게 해 주면 상대도 네 이야기를 더 잘 들을 수 있게 만들 수 있지.

자, 이젠 서로가 기분 상하거나 지루해지지 않고도 대화를 지속할 수 있는 대화의 기술을 정리해 볼까? 친구와 나누는 대화뿐 아니라 다른 어른들과 나누는 대화에서도 다음의 기술들을 생각하자.

주거니 받거니 재미있는 대화의 기술
- 먼저 상대의 말을 끝까지 잘 듣는다.
- 듣는 중간에 상대의 말을 잘 듣고 있다는 신호를 보낸다. 고개를 끄덕이거나 "그렇지.", "그래서?" 등의 말을 적당히 해 준다.
- 상대가 말한 내용과 관련된 주제의 답을 한다.
- 듣고, 말하고, 듣는 대화의 순서를 잘 지킨다.
- 대화의 주제를 바꾸고 싶더라도, 상대가 말을 마치기를 기다렸다가 다른 주제로 이야기를 나누자고 제안한다.

02 소리 없는 말, 눈 맞춤과 몸짓

생일 초대

혜용이는 들뜬 마음으로 학교에 왔다. 작년 생일에는 집안 행사가 겹쳐 가족들과 미역국을 끓여 먹고 끝냈지만, 올해에는 친구들을 초대해서 잔치를 열기로 했기 때문이다. 모두 일곱 명의 친구를 초대하기로 엄마와 약속했는데, 그중에는 친하게 지내고 싶었지만 좀처럼 기회가 생기지 않았던 민지도 있었다. 혜용이는 밤새 생일 초대장을 만들었고, 무슨 비밀공작을 펴듯 친구들을 따로따로 불러내 초대장을 주었다. 이제 마지막 한 장, 민지의 것만 남았다. 혜용이는 민지의 자리로 가서 조심스럽게 민지를 불렀다.

"민지야!"

"왜?"

혜용이는 민지의 시선을 느낄 수 있었지만 괜한 부끄러움이 밀려와 민지를 똑바로 쳐다볼 수 없었다. 그때 교실 뒤쪽에 우르르 몰려서 떠들며 장난을 치고 있는 아이들이 있어 혜용이는 그쪽을 바라보며 초대장을 내밀었다.

"뭐야, 이건?"

"어, 이거……."

혜용이가 민지에게 생일 초대장이라고 말하려는 순간,

"야, 선생님 오신다!"

앞문 쪽에 앉아 있던 아이가 소리를 질렀고 아이들은 우당탕탕 정신없이 자리로 돌아가 앉기 시작했다. 아이들의 급작스런 움직임에 혜용이도 덩달아 마음이 급해졌다. 혜용이는 들고 있던 초대장을 민지의 책상에 던지듯 내려놓으며 말했다.

"오고 싶으면 너도 와라."

자리로 급히 돌아가 앉는 그 짧은 순간에도 혜용이는 생각했다.

'으이그, 그게 아니지. 꼭 와 달라고 얘기했어야지.'

반 아이들이 정신을 빼놓는 바람에 제대로 말도 못하고 초대장을 주기는 했지만, 어쨌든 초대한 것은 한 거다. 이젠 민지가 생일잔치에 오는 일만 남았다고 생각했다. 혜용이는 마치 무슨 큰일이라도 해치운 사람처럼 절로 뿌듯해했다.

그런데 쉬는 시간에도, 방과 후에도 혜용이와 마주친 민지의 표정은 밝지 않았다. 그리고 혜용이를 제대로 쳐다보지도 않는 것 같았다.

'쟤가 왜 저러지? 저도 부끄러워서 그러나?'

혜용이는 민지의 태도가 마음에 걸렸지만 그저 부끄러워서 그러는 거라고 생각했다. 학년이 올라갈수록 생일잔치를 할 때 남자는 남자들끼리, 여자는 여자들끼리만 모여서 하는 일이 많아졌기 때문에 남자아이가 초대하는 게 좋으면서도 부끄러울 게 당연하다고 생각했다.

드디어 생일잔치 날. 약속 시간이 되자 아이들은 저마다 선물을 하나씩 들고 학교 근처 피자집에 모였다. 하지만 민지의 모습은 보이지 않았다. 삼십 분이 지나고, 한 시간이 지나도 민지는 오지 않았다. 피자에 생일 초를 꽂고 노래도 부르고, 선물도 풀어 보고 했지만 혜용이의 마음은 민지에게 가 있었다.

'왜 안 오는 거지?'

혜용이는 민지가 생일잔치에 올 거라는 기대가 깨져 안타깝기만 했다.

"민지야!"

다음 날 혜용이는 용기를 내서 민지에게 말을 걸었다. 혜용이를 바라보는 민지의 표정은 여전히 굳어 있었다.

"어제, 내 생일잔치에는 왜 안 온 거야? 기다렸는데……."

혜용이의 말에 민지는 짜증스런 표정을 지으며 대답했다.

"날 생일잔치에 초대한 게 맞기는 하니?"

"그게 무슨 말이야?"

"난, 네가 장난치는 줄 알았어."

"장난이라니?"

"넌 나를 쳐다보지도 않았고, 초대장은 책상에 던져 놓고 갔잖아? 그런 행동을 보고서 생일잔치에 초대하는 거라고 생각하는 사람이 어디 있니? 남는 초대장 하나 던져 주면서 올 테면 오고 말 테면 말라는 것으로밖에 보이지 않던걸?"

"그런 말도 안 되는……. 내가 분명히 말했잖아. 생일잔치에 오라고."

"넌 오고 싶으면 오라고 했지. 그래, 말로는 오라고 한 거야. 하지만 행동은 아니었어."

이런 말도 안 되는 오해를 하다니! 혜용이는 가슴이 답답했다.

"그런…… 암튼 미안하다. 그땐 아이들이 떠드는 바람에 정신이 없었고, 또 선생님이 오신다는 소리에 마음이 급해서 그랬던 것 같다."

"그래, 오늘 보니까 장난이 아니었다는 건 확실히 알겠어. 괜한 오해를 해서 내가 더 미안해."

후유, 민지와 오해도 풀고 화해도 해서 다행이었다. 하지만 혜용이는 생일잔치에 여자아이를 초대하는 것도 쉬운 일이 아니구나 생각했다. 뭘 그렇게 복잡하게 생각하는지……. 무슨 공주님한테 중요한 극비 문서라도 바치듯 초대장 주기를 바라나 싶기도 했다. 그때, 아이들의 무리 속에서 한 아이가 소리쳤다.

"야, 민혜용! 내 선물 맘에 드냐?"

혜용이는 소리 지른 아이가 누군지 보려고 고개를 돌렸다.

"어, 그래. 고맙다!"

혜용이는 큰 소리로 대답했다. 하지만 선물이 맘에 드냐고 물어본 아이는 다른 아이들과 교실 뒤쪽에서 말뚝박기를 하느라 정신이 없었다. 웃고 떠들고 치고받고 하는 모습이 혜용이의 대답은 기다리지도 않는 것 같았다. 순간 혜용이는 민지가 어떤 기분이었는지 알 것 같았다.

"뭐냐, 저 자식. 쳐다보기라도 하면서 얘기하면 좋잖아?"

대화의 기술·둘
효과적인 몸짓 대화, 어떻게 할 수 있을까?

몸짓 대화는 원시인이나 하는 것?

　눈 맞춤이나 몸 동작 같은 몸짓 대화를 말이 생기기 이전에 살았던 원시인이나, 갓난아이가 하는 것으로 생각한다면 큰 오해야. 몸짓은 우리의 말에 더 많은 정보를 실어 주는 거야. 우리가 말을 하면서 더 정확한 정보를 주기 위해서는 손짓이나 얼굴 표정을 사용하게 되잖아?

그것뿐이 아니야. 경우에 따라서 몸짓은 우리가 하는 말의 참 또는 거짓을 판단하는 수단으로 사용되기도 해.

그래, 맞아. 친구들 사이에서도 입으로 하는 말로만 대화를 주고받는 것은 아니지. 말을 할 때 얼굴 표정, 손짓 등 몸짓을 사용해서 대화를 나누기 때문에, 말뿐만이 아니라 몸짓도 주의해서 사용해야 해.

마음을 전하는 눈 맞춤

　대화를 나눌 때 상대방과 눈을 맞추는 것은 매우 중요해. 눈 맞춤은 상대방의 말을 잘 듣고 있다는 신호를 보내는 거야. 적당히 눈 맞춤을 하지 않는다면 상대의 말을 무시한다는 오해를 받을 수 있어. 반대로 네가 상대에게 이야기를 할 때에도 눈 맞춤을 하는 것이 좋아. 이때의 눈 맞춤은 진심을 담아 이야기를 한다는 뜻을 전달할 수 있거든.

　하지만 너무 지나치게 강한 눈 맞춤을 한다면 오히려 상대에게 적대감을 표현한다는 오해를 받을 수 있어. 특히 우리나라에서는 어린 사람이 어른과 대화를 할 때 너무 뚫어져라 쳐다보는 것은 예의에 어긋나는 일로 여긴단다. 그러니 부드럽고 온화한 눈빛을 보내도록 노력하는 것이 좋아.

예의 바른 몸가짐과 행동

앞의 이야기에서 혜용이가 민지에게 생일 초대장을 주던 때를 생각해 보자. "오고 싶으면 너도 와라."라는 말도 예의 바른 초대라고 할 수 없는데, 초대장을 책상에 툭 던지는 행동은 그 말을 더욱 부정적으로 만들어 버렸지. 민지에게 생일잔치에 오기를 진심으로 원한다는 것을 전하려면 어떻게 하는 것이 좋았을까?

예의 없는 행동

예의 바르게 진심을 전할 수 있는 행동

이렇게 말을 할 때의 행동과 태도가 생각지도 않은 오해를 불러일으키기도 하고, 좋지 않은 인상을 주기도 해. 몸의 움직임이 너무 과장되게 크거나, 껄렁한 태도를 취하는 것은 상대방을 무시하는 것으로 여겨져 기분을 상하게 할 수 있어. 반대로 너무 나무토막처럼 경직되어 무표정하거나 몸의 움직임이 없어도 상대를 불편하게 할 수 있지. 그러니까 말의 내용은 물론이고 말을 전달하기 위한 행동과 태도에도 적절한 예의를 갖추는 것이 필요해.

그럼 어떻게 하는 것이 좋은지 한번 정리해 볼까?

몸짓으로 대화의 효과를 더욱 크게 하는 대화의 기술
- 부드러운 눈빛으로 상대방과 눈 맞춤을 한다.
- 얼굴의 미소를 잃지 않는다.
- 너무 크거나 부산한 손동작이나 몸의 움직임을 피한다. 진지하지 않게 보일 수 있다.
- 물건을 건네주거나 몸을 부딪치는 일이 필요하다면 공손한 태도로 한다.
- 시기적절한 웃음, 고개를 끄덕임, 박수 등으로 상대방의 말에 호응을 보낸다.

꼭 기억하자! 몸짓은 너무 지나쳐도, 반대로 너무 없어도 안 된다는 걸.

| 두 번째 마당 |

마음을 나누는 대화

03 솔직하면 안 될 때

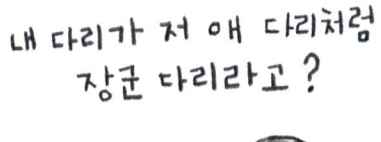

장군 다리와 된장찌개

"야, 야, 저기 가는 애, 어깨가 떡 벌어진 게 장군 같지 않니?"

윤정이는 재희가 가리키는 아이를 바라보았다. 넓은 어깨는 물론이고 어깨부터 종아리까지 너비가 비슷하게 내려오는 것이 무슨 네모난 돌덩이처럼 보였다. 게다가 짧은 목, 네모지고 검은 얼굴이 몸통을 더욱 짧고 네모나게 보이게 했다.

"그러네……."

"주제에 여자라고 치마까지 입었네. 긴 칼 옆에 차면 완전 이순신 장군이다."

제 깐에는 우스갯소리를 하는 건지 몰라도 윤정이는 외모를 가지고 다른 사람을 놀려 대는 재희가 못마땅하게 느껴졌다.

"넌 다리가 장군이면서 뭘 그러냐?"

"뭐라고?"

"맞잖아. 너의 그 튼튼한 다리는 장군감 아냐?"

"너, 정말……."

"그러니까 다른 사람 놀리지 마!"

"그래도 그렇지, 너 말 다 했어?"

재희는 조금 전에 더 심하게 다른 아이를 놀려 댔으면서, 윤정이가 자기 몸에 대해 뭐라고 하자 화가 나서 따지고 들었다.

"난 사실을 얘기했을 뿐이야."

"너랑 다시는 안 놀아!"

재희는 급기야 절교 선언까지 했다. 하지만 윤정이는 옳은 소리를 했을 뿐이라고 생각하며 아랑곳하지 않았다. 게다가 재희가 다른 아이한테 한 것에 비하면 놀린 것 축에도 들지 않을 정도의 말을 했을 뿐인데, 왜 그렇게 재희가 화를 내는지 짜증스러웠다.

"그러든지!"

말 한마디로 절교를 하게 되었지만, 사실 윤정이와 재희는 초등학교에 입학하고 나서부터 지금까지 가장 친한 친구로 지내 온 사이였다. 서로 다른 반에 배정이 되었을 때는 부둥켜안고 울기도 했고, 다음 해에 다시 같은 반이 되었을 때는 너무 좋아서 손뼉을 친 그런 사이 말이다. 하지만 지금은 학교에서 마주쳐도 서로 눈길을 돌리고 전혀 모르는 것처럼 지나치는 사이가 되었다. 가끔씩 서로를 흘끔거리며 쳐다보는 게 느껴져도 모른 척했고, 그럴수록 다른 아이들과 더 친하게 노는 체했다.

'다 자기가 번 일이야.'

윤정이는 재희를 탓했다.

'친구한테 어떻게 그런 말을 하냐.'

재희는 아직도 윤정이에게 서운했다.

그래도 둘은 무척 아쉬웠다. 그 어떤 친구도 서로의 자리를 메워 주지 못하기 때문이었다.

그러던 어느 날, 저녁 식사 시간이었다. 윤정이네 엄마는 모처럼 일찍 퇴근했다며 기분이 좋아 보였다. 그리고 가족들을 위해 손수 저녁을 지었다며 너스레를 떨었다.

"자, 자, 이제부터 세상에서 제일 맛있는 찌개와 반찬을 드시겠습니다!"

"야, 이거 몇 년 만에 아내의 사랑을 먹게 생겼네!"

아빠도 덩달아 엄마의 기분을 맞춰 주었다.

"뭐야? 오늘은 할머니 표 반찬이 아닌 엄마 표 반찬을 먹는다는 거야?"

"그래, 그러니까 어서 먹어 봐! 아마 깜짝 놀랄걸?"

엄마는 윤정이와 아빠가 수저를 들고 먼저 찌개를 떠먹는 모습을 지켜보았다.

"엑! 이게 뭐야?"

윤정이는 찌개 한 숟가락을 입에 넣자마자 소리를 질렀다.

"왜 그래?"

"이건 짜다 못해 쓰다, 써. 간을 보기라도 한 거야?"

"좀 싱거운 것 같아서 마지막에 된장을 더 풀어 넣기는 했는데, 그렇게 짜?"

"이걸 어떻게 먹으라는 거야?"

엄마는 금세 얼굴이 새빨갛게 달아올랐다.

"난 맛있기만 한데 왜 그러냐?"

아빠는 그 짠 된장찌개를 연거푸 세 숟가락이나 떠먹으면서 말했다.

"그치. 맛있지, 맛있지?"

엄마는 아빠의 말에 다시 기가 살아났다.

"거짓말!"

하지만 윤정이는 아빠가 거짓으로 엄마의 편을 드는 것에 화가 났다.

"아빠가 그렇게 말하면 나만 나쁜 사람 되는 거잖아! 왜 솔직하게 말 못해?"

"아빤 솔직하게 말하는 거야. 엄마가 만든 음식은 뭐든지 맛있다고."

"몰라, 난 안 먹어! 아빠는 계속 천사 표나 하세요."

윤정이는 식탁에서 일어나 퉁퉁거리며 방으로 들어갔다.

뒤통수 너머로 아빠가 엄마를 달래는 소리가 들렸다.

"칫! 거짓말쟁이, 아부쟁이!"

방에 틀어박혀 있자니 배에서 꼬르륵 소리가 넘나들었다. 몰래 나가서 냉장고 문이라도 열어 볼까 싶었지만 엄마 아빠가 거실에서 연속극을 보고 있을 것이 틀림없는지라 자존심을 세웠다. 이때 방문을 두드리는 소리가 났다.

"배고프지? 이거라도 좀 먹어라."

아빠가 쟁반에 과일과 구운 식빵을 가지고 왔다. 상큼하고 고소한 냄새에 배는 더 요동쳤다. 윤정이는 못 이기는 척 쟁반을 받아들었다. 한참 맛있게 먹고 있다 보니, 아빠가 아직 방에서 나가지 않고 있었다.

"아빠는 정말 그 된장찌개가 맛있었어?"

"그럼!"

"또, 거짓말! 아빠가 자꾸 그렇게 감싸니까 엄마 요리 솜씨가 늘지 않는 거라고."

"아빠 생각은 다른데?"

"응?"

윤정이는 고개를 들어 아빠를 바라보았다.

"아빠까지 엄마 요리를 맛없다고 하면 엄마는 더 이상 요리를 하지 않으려 할 거야. 그리고 자기는 요리에 소질이 없다는 말만 하겠지. 하지만 아빠가 한순간만 참고 맛있게 먹어 주면 엄마는 신이 나서 더 자주 요리를 하게 될 거야."

"하지만 거짓말을 하면 안 되는 거잖아?"

"살다 보면 때로 거짓말이 필요할 때도 있어. 나쁜 의도가 아니라면 말이야. 솔직한 말이 오히려 마음을 다치게 할 수 있다고. 요리는 하면 할수록 늘겠지, 안 그래?"

아빠의 말을 듣고 윤정이는 재희를 떠올렸다. 재희가 다른 아이를 놀리는 것 같아 못마땅했지만, 재희가 가리킨 아이를 보고 윤정이도 비슷한 생각을 한 것은 사실이었다. 단지 재희처럼 그 말을 입 밖으로 꺼내지 않았을 뿐이었다. 그렇게 한 건 만약 그 아이가 자기 흉보는 이야기를 들었을 때 어떤 기분일지 생각했고, 다른 아

이에게 상처가 되는 말을 하는 건 옳지 않다는 생각을 했기 때문이었다. 하지만 정작 재희에게는 그러지 못했다. 오직 재희가 나쁜 말을 했다는 생각 때문에 자신의 말이 재희에게 상처가 될 수 있다는 것을 생각하지 못했던 것이다. 윤정이는 내일 재희에게 사과를 해야겠다고 결심했다.

"재희야!"
윤정이는 등굣길에 재희를 보자마자 반갑게 불렀다. 재희는 순간 놀란 표정을 지었지만 곧 웃는 얼굴을 지어 보였다.
"윤정아!"
참 이상했다. 어제까지만 해도 모른 척 쌩 지나가던 사이였는데 이름 한 번 부른 것으로 쉽게 예전의 사이로 돌아올 수 있었다.
"미안해."
"뭐가?"
"너 흉본 거. 사과하고 싶었어."
"아냐, 안 논다고 한 건 내가 먼저 그런 건데……. 사실 다른 애 실컷 흉봐 놓고 나 흉봤다고 화낸 거잖아. 나도 너에게 사과하고 싶었어."
"정말? 우리 뭔가 통한 거 아니야?"
재희도 사과를 하고 싶었다는 말에 윤정이는 무척 기뻤다.
"원래 우린 잘 통하는 사이야. 그러니까 떨어져선 못 사는 친구라고!"

"맞아, 하하하하!"

"헤헤헤헤!"

윤정이와 재희는 오랜만에 함께 웃을 수 있었다. 그리고 각자의 교실로 들어갈 때까지 꼭 잡은 손을 놓지 않았다.

대화의 기술·셋
거짓말이 필요할 때를 어떻게 판단할까?

거짓말이 언제나 나쁜 걸까?

   우리는 어려서부터 거짓말을 하는 것은 나쁘다고 배웠어. 하지만 거짓말이 언제나 나쁜 것일까? 거짓말 중에는 좋은 의도를 가진 것도 있어. 사람들은 그런 거짓말을 '백색 거짓말'이라고 하지. 백색 거짓말은 상대방을 위해 거짓말이 더 좋다고 판단될 때 하는 말이야. 조금 극단적이긴 하지만, 암으로 시한부 인생을 살고 있는 사람에게 "당신은 곧 죽을 겁니다." 라고 말하기보다는 "열심히 치료받으면 점점 나아질 겁니다." 라고 거짓말을 하는 것이 백색 거짓말의 예가 될 수 있어.

   거짓말이 필요한 때는 심각한 병이 걸린 경우에만 해당되는 것은 아니야. 상대가 마음이 상하지 않도록, 자신이 하는 일을 포기하지 않는 용기를 낼 수 있도록 격려의 차원에서 거짓말을 할 수도 있어.

   다른 사람의 마음을 편안하게 해 준다면 살짝 거짓말을 한 것이 나쁘다고 생각되지 않을 거야. 하지만 기분 좋으라고 지나친 거짓말을 늘어놓는 것은 오히려 역효과를 가져올 수 있어.

거짓말이 옳은 때를 어떻게 판단할까?

 그럼, 거짓말하는 것이 참말을 하는 것보다 나을 때와 그렇지 않을 때를 어떻게 구분할 수 있을까? 언제나 적용될 수 있는 기준을 찾는 것은 어렵지만 우선 이런 기준을 세워 두는 것이 도움이 될 거야.

 먼저, 거짓말이 너를 위한 것인지 상대를 위한 것인지 생각해 보자. 네가 자신을 위해 거짓말을 한다면 현재의 난처한 상황을 피해 가기 위한 핑계를 대는 것일 수 있어. 하지만 남을 위한 것이라면 상대의 마음을 헤아리는 것이 될 수도 있지.

 둘째, 거짓말이 장기적으로 도움이 되는 것인지 생각해 보자. 당장에 상대의 기분이 좋으라고 하는 거짓말은 오래지 않아 그것이 참말이 아니었다는 것이 들통 나게 될 거야.

하지만 좋은 의도를 가진 거짓말은 오랜 시간이 지나도 효과가 계속될 수 있어. 이를테면 친구에게 힘과 용기를 주는 것 말이지. 그리고 이런 말은 시간이 흐른 뒤에 참말이 될 수도 있어.

윤정이의 아버지가 한 말을 생각해 보자. 짜다 못해 쓴 된장찌개를 맛있다고 한 건, 윤정이의 어머니가 자신감을 잃어 요리하기를 포기하는 것을 막기 위해서라고 했잖아? 된장찌개가 맛있다는 말에 어머니는 신이 나서 요리를 계속하게 될 거고, 그러면 앞으로는 요리 솜씨가 늘게 될 거라는 기대를 했고 말이야. 이럴 때 거짓말이 약이 될 수 있는 거지.

거짓말보다 더 좋은 것은 상대의 좋은 점을 말하는 것

　앞에서 우리는 친구를 위해서 백색 거짓말을 해야 할 때가 있다는 것을 알게 되었어. 그래, 맞는 말이야. 하지만 거짓말을 하는 것보다 더 좋은 것은 참말을 이야기하는 거야. 어떻게 그럴 수 있냐고? 거짓말이 필요한 부분을 비껴가면 돼. 백색 거짓말은 상대가 용기를 잃거나 마음 상하지 않도록 하기 위한 것이잖아? 그러니까 거짓말을 하지 않고도 친구가 힘과 용기를 낼 수 있는 방법을 찾는 거지.

　사람들한테는 누구에게나 약점이 있어. 하지만 강점도 가지고 있지. 대부분 거짓말이 필요한 상황은 상대가 자신의 약점을 발견하거나, 다른 사람들 앞에서 자신의 약점이 드러나게 될 경우일 거야. 이때 약점 말고 강점에 초점을 두어 이야기를 하는 거지.
　강점을 말해 주면 친구가 너의 강점을 칭찬해 주는 것까지 덤으로 얻을 수 있어. 사실 거짓말

은 친구가 그 말을 믿도록 하기 위해 갖은 노력을 해야 하지만, 강점을 말해 주는 것은 너와 친구 둘 다 기분이 좋아지는 일이야.

그래도, 혹시라도 친구에게 사실을 말해 주기 곤란한 상황이 된다면 다음의 방법을 기억하도록 하자. 친구가 마음 상하지 않고 용기를 낼 수 있도록 말이야.

솔직하면 안 될 때 필요한 대화의 기술
- 친구가 알게 될 사실이 오랫동안 친구의 마음을 상하게 할 만한 일인가 생각한다.
- 사실을 말하지 않는 것이 친구에게 도움이 되는 일인지 생각한다.
- 만약 거짓말을 한다면 즉각적인 만족을 주는 말보다는 장기적으로 도움이 되는 말을 찾는다.
- 진지한 표정과 말투로 말을 한다.
- 친구의 다른 강점을 찾아 진심 어린 칭찬과 격려를 해 준다.

04 절대 손해 보지 않는 말, 미안해! 고마워!

휴대 전화와 지갑

"앗! 어디 갔지?"

한영이는 가방이며 책상 서랍을 몇 번씩 들춰 보았지만 아무리 찾아도 휴대 전화가 보이지 않았다.

"내 휴대 전화 못 봤어?"

짝꿍에게 물어봐도, 주위의 아이들에게 물어봐도 모두들 설레설레 고개를 흔들었다.

"큰일 났네. 엄마한테 엄청 혼날 텐데……."

한영이는 몇 달 전, 휴대 전화를 잃어버렸던 일
을 떠올렸다. 엄마한테 혼날 것이 두려워서 말도 못하고 있다가 뒤늦게 엄청난 전화 요금 때문에 난리가 났던 것이다. 엄마는 또 휴대 전화를 잃어버리면 다시 사 주는 일은 절대로 없을 거라며 엄포를 놓았다.

"그러니까 수업 시작하기 전에 휴대 전화 걷을 때 냈어야지 왜 숨기고 그러냐? 마지막으로 전화를 썼던 곳이 어디인지 생각해 봐."

짝꿍의 말에 기억을 더듬어 보았지만 어디에서 휴대 전화를 썼는지는 전혀 생각나지 않았다.

한영이는 수업이 끝난 뒤에도 집으로 가지 못하고 계속해서 휴대 전화를 찾아다녔다. 청소 당번 아이들을 따라다니며 구석구석을 뒤져 보았지만, 휴대 전화처럼 생긴 것은 전혀 보이지 않았다. 결국 포기하고 집으로 돌아가려는데 재진이가 휴대 전화 하나를 들고 교실로 들어왔다.

"혹시 이게 네가 잃어버린 휴대 전화 아니니?"

한영이는 한걸음에 재진이 앞으로 갔다.

"어, 맞아! 근데 이거 어디서 찾았어?"

"화장실 문에 걸려 있더라."

"그랬구나! 후유, 이제 살았다."

하지만 안도의 한숨이 끝나기도 전에 지난번 휴대 전화를 잃어버렸을 때가 생각났다.

"너, 혹시 이걸로 게임을 한 건 아니겠지?"

"뭐라고?"

"아니다, 아니야. 물어보면 뭐하냐? 휴대 전화 열어서 확인해 보면 되지. 게임 다운로드 받아 놓은 게 있기만 하면 가만두지 않을 거다."

한영이는 재진이를 꼼짝 못하게 한 채 휴대 전화를 열어 게임과 통화 기록을 확인하기 시작했다.

"지금 뭐 하는 거야? 잃어버린 휴대 전화 찾아 줘서 고맙다고 하기는커녕 내가 무슨 도둑이나 되는 것처럼 의심하는 거냐?"

급기야 재진이는 화를 냈다.

"내가 언제 너한테 도둑이라고 했어? 확인만 해 본다는데 뭐가 문제야?"

"관둬라, 너 같은 놈은 휴대 전화 잃어버려도 싸다. 괜히 찾아 줬네. 백 번도 더 잃어버려라!"

"뭐야? 이게 어디다 함부로 지껄여?"

급기야 두 아이는 몸싸움을 벌였다. 아이들이 몰려와 싸움을 말리는 바람에 둘은 서로를 붙잡고 밀고 당기기를 몇 번 하는 정도에 그쳤지만, 재진이는 화가 풀리지 않은 모습이었다.

한영이는 집으로 돌아오는 길에 휴대 전화를 열어 다른 사람이 쓴 흔적이 있는지 찾아보았다. 다행히 자기 말고 누군가 휴대 전화를 쓴 흔적은 남아 있지 않았다. 하지만 휴대 전화 때문에 싸움을 벌인 탓에 마음이 편치 않았다.

"에이, 어떤 놈이 아직도 길에다 쓰레기를 버려!"

한영이는 길가에 버려진 빵 봉지에다 괜한 화풀이를 했다. 너부러진 빵 봉지를 발로 콱콱 밟아 주어도 속이 후련해지지 않았다. 이번엔 빵 봉지에 바람이라도 넣어 뻥 터뜨려 버려야겠다는 생각에 빵 봉지를 발로 쓱쓱 밀어 대기 시작했다. 그러다 빵 봉지 근처에 빨간색 지갑이 떨어져 있는 것을 발견했다. 한영이는 주위를 두리번거리다 지갑을 주워 들었다. 지갑을 열어 보니 돈은 하나도 없고 도서실 대출 카드만 들어 있었다.

'5학년 2반 신현지'

한영이는 도서실 대출 카드에 쓰여 있는 이름을 보았다.

'내일 갖다 주지, 뭐. 나도 좋은 일 좀 해 보자.'

다음 날 한영이는 아침 일찍 5학년 2반 교실로 찾아갔다. 그리고 신현지를 찾았다. 생머리를 길게 내린 제법 예쁘게 생긴 여자아이가 나왔다.

"길에서 네 지갑을 주웠어."

"그래?"

지갑을 받아 든 현지는 먼저 지갑을 열어 보았다. 한영이는 그 모습이 내심 자신을 의심하는 것처럼 보여 당황스러웠다.

"내가 지갑을 주웠을 때부터 돈은 하나도 없었어."

현지는 고개를 들어 한영이를 슬쩍 쳐다보았다. 하지만 다시 고개를 숙이고 지갑만 들척거렸다.

"도서실 대출 카드가 있어서 가지고 온 거야. 이거 다시 만들려면 복잡하잖아."

한영이는 자기가 왜 잘못한 것도 없으면서 둘러대고 있는지 모르겠다는 생각이 들었다. 한영이는 현지가 무슨 말을 하기를 기다리기라도 하는 것처럼 자기 교실로 가지 않고 한동안 서 있었다. 현지는 여전히 아무 말도 없었다.

"또 잃어버리지 않게 조심해라."

한영이는 말을 남기고 자기 교실로 어색하게 발걸음을 옮겼다. 길지도 않은 복도를 걸어오면서 기분이 좋지 않았다.

'뭐냐? 이 찝찝한 기분은…….'

한영이는 뭔가 빠진 것 같은 이 기분은 왜일까 생각했다.

배부르게 점심을 먹고 난 뒤 한영이는 아이들과 최신 게임 이야기로 수다를 떨고 있었다. 그런데, 한 아이가 복도에서 장난기 섞인 목소리로 소리를 질러 댔다.

"야, 이한영! 여자 친구 면회다!"

아이들이 "우와!" 소리와 함께 책상을 두들기며 호들갑을 떨었다. 복도를 내다보니 5학년 2반 신현지가 와 있었다. 현지는 아이들의 호들갑에 얼굴이 빨갛게 달아올라 있었다. 한영이가 복도로 나가자 현지는 쪽지를 건네주고 바로 뒤돌아 가 버렸다.

"우우~ 연애편지다!"

한영이가 교실로 들어오자 아이들은 또 책상을 두들겨 댔다. 한영이도 얼굴이 벌게져서 쪽지를 펼쳐 보았다.

'아까는 당황해서 고맙단 말도 제대로 못했어.
네가 찾아 준 지갑은 내가 제일 아끼는 거야.
찾아 줘서 정말 고마워!'

쪽지를 보는 순간, 한영이는 아침에 느꼈던 찜찜한 기분의 정체를 알게 되었다. 바로 고맙다는 말을 듣지 못한 것이었다. 뭐, 고맙다는 인사를 듣기 위해 지갑을 들고 간 것은 아니었다. 하지만 사실은 현지의 시큰둥한 태도 때문에 기분이 언짢았던 것이다.

"고맙다고 말하는 게 뭐가 어려워서 쪽지를 주고 가냐? 아까 바로 했으면 좋았을걸."

이렇게 중얼거리는 순간, 한영이의 머릿속에 어제의 휴대 전화 사건이 떠올랐다. 재진이가 화를 낸 이유를 알 것 같았다. 그리고 화가 나는 것이 당연하다는 생각이 들었다.

"재진아!"

한영이는 재진이의 자리로 찾아갔다. 그리고 조금은 쑥스럽게 재진이를 불렀다.

"뭐?"

재진이는 아직도 화가 풀리지 않은 것 같았다.

"어제 미안했어."

한영이는 자신의 미안하다는 말에 금세 재진이의 표정이 풀리는 걸 볼 수 있었다.

"지난번 휴대 전화 잃어버렸을 때 내가 쓰지도 않은 전화 요금이 엄청나게 나온 적이 있었거든. 어젠 그 생각밖에 못한 거 같아. 너를 의심해서 그런 건 아니야."

"흠흠, 뭐 그럴 수도 있지."

한영이의 사과에 재진이가 더 부끄러워하는 것 같았다.

"재진아, 휴대 전화 찾아 줘서 정말 고마워."

"아니, 뭐, 그 말 듣자고 화낸 건 아닌데……."

이제 재진이는 얼굴이 발갛게 달아오르기까지 했다.

"야, 이제 기분 풀고 우리 다시 친하게 지내는 거다!"

"그래, 알았다, 알았어."

한영이도 얼굴이 발갛게 달아올랐다. 하지만 이건 부끄러움이기보다는 서로가 더 친해질 거란 확신에서 오는 기쁨이라고 생각했다.

대화의 기술 · 넷
마음을 움직이는 말, 어떻게 쓸 수 있을까?

행동의 이유보다 앞서야 하는 말

　네가 친구에게 어떤 실수를 했거나 친구가 너의 곤란한 일을 해결해 주었을 때, 보통은 친구에게 네가 왜 그럴 수밖에 없었는가를 설명하려고 할 거야. 이런 마음이 먼저 드는 건 자신이 제대로 일을 처리하지 못한 것에 죄책감 같은 것이 들거나, 자신이 아주 못나 보이지 않을까 걱정이 생기기 때문이야. 그래서 자기도 모르게 핑곗거리를 먼저 찾게 되는 거지. 혹은 고민스런 일이 해결되면 그것 때문에 못하고 있었던 다음 일로 마음이 앞서 가기 때문에, 친구에게 감사의 뜻을 전하는 것을 까맣게 잊어버리게 되기도 하고 말이야.

　이런 순간에 잠깐 멈추고 생각해 봐. 네가 그 친구라면 어떨까? 미안하다거나 고맙다는 말을 먼저 듣고 싶을까, 아니면 네가 그렇게 행동할 수밖에 없었던 이유를 먼저 듣고 싶을까? 친구에게 '고맙다', '미안하다'라는 말을 건네고 나면, 친구는 자연스럽게 그 이유를 묻게 마련이야. 그러면 친구와 서로 열린 마음으로 너의 입장을 설명할 기회가 생기게 되거든. 왜 그럴 수밖에 없었는가에 대한 설명은 이때 이야기해도 늦지 않아.

상대의 마음을 움직이는 마법의 말

너에게 사정이 생겨 다른 사람에게 방해나 피해를 주게 되는 경우가 있어. 그것이 크고 심각한 피해가 아니더라도 그 순간은 상대의 기분을 상하게 할 수 있지. 만약 그랬다면, 상대는 마음을 닫아 버려 너의 요구를 들어주고 싶지 않을 거야. 이럴 때는 어떤 말이 필요할까?

아이들이 많은 복도에서 먼저 앞으로 나가야 되는 경우

사람이 많은 버스 안에서 친구의 발을 밟은 경우

모르고 떨어뜨린 물건을 친구가 주워 준 경우

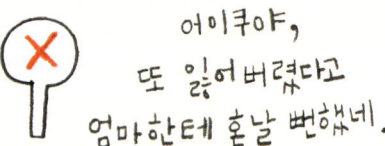

'실례합니다', '죄송합니다', '고맙습니다' 이 세 가지 말은 남녀노소 누구의 마음이라도 움직일 수 있는 마법의 말이야. 네가 이런 말을 먼저 하게 될 때, 상대는 잠시 동안의 불편함을 참고 너를 배려해 주는 마음을 갖게 되지. 사람들과 함께 생활하면서 이 세 마디 말을 자주 사용하면 할수록 너에게 좋은 일이 더 많이 생기게 될 거야.

이런 마법의 말을 먼저, 그리고 자주 사용할 수 있게 다음과 같은 사항들을 꼭 명심하자!

자주 사용할수록 좋은 대화의 기술
- 상대에게 자신이 원하는 일을 제안하는 경우 양해를 구하는 말을 먼저 한다.
- 상대의 일을 멈추게 했거나 방해하게 된 경우 미안함을 전하는 말을 먼저 한다.
- 상대가 양보나 호의를 베푼 경우 감사의 말을 먼저 한다.
- 자신이 한 행동의 이유를 설명하는 것은 나중으로 미룬다.

| 세 번째 마당 |
좋은 관계를 위한 대화

바바리맨

"아빠, 엄마가 밥 먹으래!"

지영이의 말에 아빠는 전혀 반응이 없었다.

"내 말 안 들려? 귀먹었어? 밥 먹으랬잖아. 텔레비전만 보고 있음 어떡해?"

지영이는 가시 돋친 목소리로 소리쳤다.

"나 같아도 네 말에는 대답하기 싫겠다. 아빠한테 말버릇이 그게 뭐니?"

듣다 못한 엄마가 버럭 소리를 질렀다.

"내 말이 뭐 어때서? 밥 먹으라는 게 뭐 잘못됐어?"

"아빠가 네 친구니? 친구한테도 그렇게 말하면 밥맛 뚝 떨어지겠다. 신영아, 네가 아빠 모시고 와라."

신영이는 의기양양해서 아빠에게 다가갔다.

"아빠, 진지 드세요."

아빠는 얼른 일어나 신영이를 안고 식탁으로 왔다.

"그래, 우리 딸. 아빠랑 맛있게 밥 먹자!"

신영이는 지영이를 쳐다보며 혓바닥을 쑥 내밀어 보였다.

"어휴, 저 얄미운 걸 그냥 확!"

신영이는 지영이가 한 대 쥐어박는 시늉을 해도 아랑곳하지 않았다.

"봐라, 넌 어쩜 동생보다도 못하니?"

"그래, 아빤 우리 신영이 덕분에 밥 먹는다."

엄마 아빠는 신영이 칭찬을 줄줄 늘어놓았다.

신영이에 대한 칭찬이 아침 밥상의 반찬 수보다도 많았다.

지영이는 심통이 나서 연거푸 밥만 입속에 집어넣었다.

"체할라, 천천히 먹어라."

"몰라, 말 시키지 마!"

지영이는 계속 툭툭거리는 말투로 얘기했다.

"어휴, 저 말버릇. 밖에서도 저러면 집안 망신 톡톡히 시키고 다닐 텐데……."

지영이는 평소보다 일찍 집에서 나왔다. 여느 때 같으면 신영이와 함께 학교에 갔을 텐데 오늘은 동생이 너무 얄미워서 같이 가고 싶지 않았다. 지영이는 자꾸 신영이와 자기를 비교하는 엄마 아빠가 너무한다는 생각을 하며 교문으로 들어섰다. 그때 긴 바바리코트 차림의 중년 아저씨가 지영이 쪽으로 다가왔다. 아직 이른 시간이라 한적한 교문 앞에서 낯선 아저씨가 다가오는 걸 보자 갑자기 섬뜩해졌다.

'혹시, 말로만 듣던 바바리맨?'

이렇게 생각하니 등골이 오싹해지기까지 했다.

"학생, 말 좀 물어봅시다. 교장실이 어디 있지요?"

요즘 바바리맨은 초등학생에게도 존댓말을 쓰나? 교장실을 물어보는 것을 보니 학교에 찾아온 손님인가 싶기도 했지만 경계를 풀 수는 없었다. 일부러 이런 식으로 접근해 올 수도 있는 일이니까.

"쭉 들어가서 보이는 왼쪽 건물 1층에 있어요."

"그래? 고마워요. 그런데, 우리 학생은 무척 부지런한가 보네. 이렇게 일찍 학교에 오고 말이에요."

지영이는 이런 식으로 말을 붙이다 본색을 드러낼 거라 생각했다.

"그건 그쪽이랑 상관없잖아요?"

지영이는 쌀쌀맞게 쏘아붙였다.

"그쪽?"

순간, 인자한 표정을 짓던 아저씨의 얼굴이 딱딱하게 굳는 걸 볼 수 있었다.

"말꼬리 잡지 말고 가던 길이나 가세요."

지영이는 발걸음을 빠르게 해서 얼른 자리를 피했다.

"쳇, 누가 그따위 수작에 넘어갈 줄 알고."

지영이는 바바리맨을 물리쳤다는 생각에 내심 기뻤다. 교실로 들어온 지영이는 여자아이들을 하나씩 붙잡고 우리 학교에도 바바리맨이 나타났으니 조심하라고 일렀다. 아이들은 어떻게 생겼냐, 너는 괜찮은 거냐 물으며 호들갑을 떨었다.

그러는 사이 아침 방송 시간이 되어 교실 앞쪽에 놓인 텔레비전에 전원이 켜졌다. 화면에 교장 선생님이 나와 오늘은 특별한 손님을 모셔 좋은 말씀을 듣기로 했다고 말했다. 그런데, 이게 웬일이래? 특별한 손님은 교문에서 보았던 아저씨였다.

"뜨악! 바바리맨이 특별한 손님?"

자세히는 모르겠지만 아저씨는 굉장히 유명한 사람이 틀림없었다. 그런 사람을 바바리맨으로 오해했다니……. 지영이는 입을 쩍 벌리고 텔레비전에서 눈을 떼지 못했다.

"최강 초등학교 학생 여러분, 안녕하십니까? 이렇게 만나게 되어 무척 반갑습니다. 저는 오늘 최강 초등학교에서 여러분들에게 어떤 이야기를 들려줄까 여러 가지로 생각해 보았지요. 하지만 어떤 이야기가 좋을지 결정하지 못했는데, 오늘 아침 교문 앞에서 만난 친절한 여학생 덕분에 여러분들에게 꼭 필요한 이야기가 무엇인지 알 수 있었습니다. 자, 오늘은 공손한 말 표현을 하자는 이야기를 해 볼까 합니다. 우리나라는 조상 대대로 동방예의지국이라 불렸습니다……."

지영이의 얼굴이 빨갛게 달아올랐다. 지영이가 아저씨를 치한 취급을 하면서 함부로 대했는데도, 아저씨는 지영이를 친절한 여학생이라고 말했다. 하지만 지영이의 말투에 문제가 있다고 생각했기에 오늘 이야기의 주제를 공손한 말 표현으로

잡은 거였다. 지영이는 아무리 생각해도 자신이 학교 망신을 톡톡히 시킨 듯해 후회스러웠다. 미안한 마음에 지영이는 아저씨의 말을 열심히 들었다.

"……예의 바르고 공손한 말투는 듣는 사람의 마음을 움직이게 하는 힘을 가지고 있습니다……."

아저씨의 말을 듣고 지영이는 문득 오늘 아침 식사 시간의 일이 떠올랐다. 아빠는 지영이를 나무라지는 않았지만, 지영이의 말에는 꼼짝 않고 있다가 신영이가 "진지 드세요."라고 말했을 때는 자리에서 벌떡 일어났다. 아빠는 그런 행동을 통해 말을 어떻게 해야 하는지 알려 주셨던 것이다. 그런데 그것도 모르고 지영이는 엄마 아빠가 동생과 자신을 차별한다고 심통을 부리고 말았다. 아마 지영이가 처음부터 예의 바르게 말했다면 아빠는 지영이의 말에 벌떡 일어나 식탁으로 왔을 것이다. 이렇게 생각하니 지영이는 더욱 부끄러워졌다. 낯선 사람이건 친숙한 사람이건 예의를 갖출 필요가 있다는 것을 깨달았다. 그리고 그렇게 하기 위해서는 평소 말투를 공손하게 해야겠다고 생각했다.

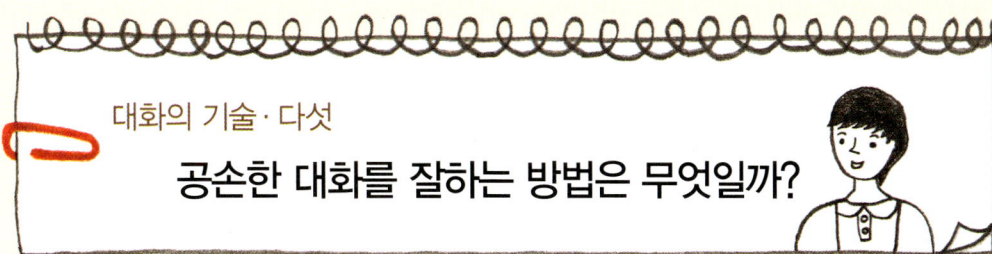

대화의 기술·다섯
공손한 대화를 잘하는 방법은 무엇일까?

동방예의지국, 대한민국

　우리나라는 예로부터 동방예의지국이라고 불렸어. 그 이유는 잘 알고 있을 거야. 전통적으로 우리나라는 어른을 공경하는 문화를 가지고 있거든. 그중에 빠지지 않는 것은 나이 어린 사람이 어른에게 존댓말을 쓰는 문화일 거야. 존댓말은 외국인이 한국어를 배울 때 가장 어려워하는 것 중 하나라고 해. 다른 나라에서는 찾아보기 힘든 어법이거든.

　존댓말에는 어른들의 동작이나 상태를 높여 부르는 말이 있어.

또 말의 끝을 존댓말로 갖추는 경우도 있지.

어른 앞에서 자신을 낮추어 말하는 것도 존댓말의 한 종류란다. 한편 어린 사람에게 불필요하게 존댓말을 쓰는 것도 어색하지.

그런데, 잘못된 존댓말을 쓰는 경우가 있어. 이런 경우 격에 맞지 않는 우스운 말을 쓰게 되는 거야.

어때? 이미 잘 알고 있다고? 후후, 맞아. 그럴 거야. 하지만 자신도 모르게 적절하지 않은 말을 써서 실수하게 되는 경우도 많단다. 이제, 우리가 잘 알고 있는 존댓말도 때와 장소에 맞춰 적절하게 사용해야 한다는 것을 잊지 말자고!

부모의 화를 돋우는 말대꾸

공손한 표현은 존댓말을 사용하는 것만을 가리키는 것은 아니야. 아무리 존댓말을 사용한다고 해도 말투와 태도가 공손하지 못하다면 예의에 어긋나는 것이 되지. 특히 어른은 어린 사람의 말대꾸를 힘들어하는데, 이 문제를 해결하는 것도 쉽지 않은 노릇이지. 왜냐하면 어른은 어린 사람이 말대꾸를 한다고 화를 내지만, 반대로 어린 사람은 묻는 말에 대답을 했을 뿐인데 말대꾸를 한다고 몰아붙이는 것을 억울하게 생각하기 때문이지.

아, 어떤 때에는 정말로 화가 나서 어른에게 말대꾸를 하게 되는 경우도 있지만, 앞의 경우와 같은 때에는 도대체 어쩌라는 건지 당황스러울 거야. 하지만 잘 생각해 보자. 어른이 말대꾸를 한다며 화를 내는 경우는 보통 때 질문을 하고 답을 기다리는 때와는 상황이 다르지 않니? 대부분 네가 무슨 잘못을 해서 야단을 맞거나 꾸지람을 듣는 경우일 거야. 이럴 때 어른은 질문 내용에 대한 답 이전에 먼저 듣고 싶은 말이 있단다. 바로 "잘못했어요!"라는 말이지. 이 말 한 마디면 어른의 마음은 반쯤 가라앉아 다음 이야기를 들을 수 있는 귀를 연단다. 하지만 그렇지 않은 경우에는 어린 사람이 자신의 잘못을 인정할 때까지 계속 다그치기만 할 거야. 어때? 어른의 마음을 가라앉힌 뒤 이야기를 계속할래? 아님 끝까지 말대꾸한다는 말을 들으며 야단만 계속 맞을래? 현명한 선택은 네게 달려 있어.

친구 사이에도 공손함이 필요해

공손함이 어른과 대화할 때에만 필요한 것은 아니야. 친구 사이에도 공손한 표현을 사용하는 것이 중요해. 이때의 공손함은 존칭이나 존댓말을 뜻하는 것이 아니라 상대를 함부로 취급하거나 욕하는 것을 삼가야 한다는 뜻이야. 간혹 친한 친구들 사이에 별명을 부르거나 욕을 섞어서 말을 주고받는 경우가 있는데, 아무리 장난이라도 함부로 내뱉는 말이 상대의 기분을 상하게 할 수 있어.

기분을 상하게 하는 말은 싸움으로 이어지기 쉽지. 친한 친구라면 더욱 상대를 존중해 주고 예의 바른 말을 사용해 주어야 하는 것 아니겠어?

자, 그럼 이제 공손한 대화의 기술을 한번 정리해 볼까?

공손하게 말하기 위한 대화의 기술

- 웃어른에게 존댓말을 사용한다. 존칭, 높임말, 자신을 낮추어 부르는 말을 잘 알아둔다.
- 존댓말을 사용해야 하는 대상과 일상용어를 사용해야 하는 대상을 구분하여 적절한 단어를 사용해서 말한다.
- 상대의 기분이나 감정을 고려해서 말을 할 때와 그렇지 않을 때를 구분한다.
- 친한 친구일수록 예의 바른 말을 사용한다. 함부로 하는 말이 상대의 감정을 상하게 한다는 것을 명심한다.

06 억지와 주장의 차이 알기

효 시스터스

　효진이와 효정이는 친한 친구였다. 이름도 똑같이 '효' 자로 시작하는 데다 생김새도 비슷해 사람들이 자매냐고 물을 때가 많았다. 어느 자매가 둘보다 더 친하게 지낼까? 둘은 말다툼 한 번 없이 몇 년을 그렇게 단짝으로 지내 왔다. 하지만 그렇게 지낼 수 있는 데에도 다 이유가 있었다. 효진이가 활달하고 말이 많은 것에 비해 효정이는 얌전하고 말수가 적었다. 효진이는 원하는 것이 많아 항상 무언가를 제안하는 것에 반해, 효정이는 효진이의 제안을 무엇이든 받아 주고 함께하였다.

그러던 중 찰떡궁합 같았던 둘 사이에 새로운 친구가 들어오게 되었다. 그 주인공은 효주였다. 효주가 전학 오면서 아이들은 셋을 '효 시스터스'라고 불렀고, 꼭 그 때문은 아니지만 셋은 자연스럽게 함께 어울리게 되었다. 하지만 효주도 효진이 못지않게 원하는 것이 많고, 좋고 싫음이 분명해서 의견 충돌이 일어나곤 했다. 예를 들면, 셋이 똑같은 지갑을 사자며 문구점에 가서는 효진이와 효주가 서로 다른 지갑을 고르는 바람에 지갑을 사기는커녕 이게 좋다 저게 좋다 실랑이만 하다 나오곤 했다. 그래도 셋이 뭔가 똑같은 것을 갖자는 의견은 끊임없이 나왔고, 이런 제안은 늘 효진이나 효주 둘 중 한 사람이 먼저 했다.

이번에는 효진이가 똑같은 필통을 사자고 제안했다. 항상 여기까지는 별 문제없이 진행되었다. 문제는 그다음이었다. 세 사람은 각자 자기가 원하는 필통을 집어 들었다. 효진이는 파란 색깔 천으로 만든 필통, 효정이는 분홍색에 순정 만화 주인공이 그려진 플라스틱 필통, 효주는 익살스런 캐릭터가 그려진 철제 필통을 골랐다.

"이번에는 뭐 좀 사 보자."

"그래, 제발 그러자."

효진이와 효주는 굳게 결심한 듯 말했다.

"내 건 좀 그렇지?"

언제나처럼 효정이가 먼저 필통을 내려놓았다.

"그럴 필요 없어. 왜 늘 네가 먼저 포기하는데?"

효진이가 효정이를 막았다.

"어차피 하나로 정해야 하잖아? 난 꼭 내가 고른 것으로 하지 않아도 괜찮아."

"그래도."

"아냐, 아냐. 먼저 포기했으면 그만이야. 넌 어떡할래?"

효주가 효진이에게 물었다.

"난 천으로 된 필통을 샀으면 좋겠어. 캐릭터 그려진 게 처음에는 예뻐 보이지만 금방 싫증 날 수 있어. 너희도 써 보면 좋아할 거야."

효진이는 사뭇 진지하게 말했다.

"그래도 난 캐릭터 있는 게 좋아. 천은 금방 더러워진다고."

"그럼 어쩌라고? 넌 어떻게 만날 너 좋은 대로만 하려고 하냐?"

"그건 너도 마찬가지야."

효진이와 효주는 팽팽하게 맞섰다.

"자꾸 그러면 이번에도 아무것도 못 사고 끝날 거야."

효정이는 어떻게든 다툼을 막아 보려고 했다.

"못 사면 못 샀지, 천은 절대 안 산다!"

"네가 자꾸 우겨 대기만 하면 나도 절대 양보 못한다!"

효진이와 효주 모두 좀처럼 꺾일 기세가 아니었다.

"그러지 말고 효정이 네가 정해. 둘 중 어느 거 할 건지."

효정이는 매우 난감한 표정이 되었다. 둘 중 하나를 고르는 것이야 어렵지 않은 노릇이지만, 어느 것을 고르든 다른 한쪽은 골을 낼 것이 분명했기 때문이다.

"야, 난 네가 뭐라고 하든 천 필통은 절대 안 살 거다. 그러니까 알아서 해라."

효주가 계속 고집을 부리는 통에 효정이는 더 난감해졌다. 차라리 필통을 사지 않는 편이 나을 듯했다. 하지만 이번에도 그러면 앞으로도 계속 이런 실랑이가 계속될 것이 뻔했다.

"자기주장을 하는 건 좋지만, 계속 밀어붙이면서 고집을 부리면 그건 주장이 아니라 억지야."

한참을 말이 없던 효정이가 어렵게 말을 꺼냈다.

"그건 네 말이 맞아!"

효진이가 맞장구쳤다.

"무슨 그런 말도 안 되는! 싫은 건 싫은 거지 어떻게 마음을 바꾸냐?"

효주는 계속 고집을 부렸다.

"그럼, 너는 못 바꾸면서 나보고 바꾸라는 거냐?"

효진이 표정이 심상치 않게 바뀌는 것이 이러다간 싸움이 벌어질 것 같았다.

"그럼, 이렇게 하는 건 어때?"

다시 효정이가 말했다.

"우리가 꼭 똑같은 필통을 사야 할 필요는 없잖아. 필통이 우리가 친구라는 걸 말해 주는 것도 아니고……. 똑같은 필통을 사면 기분은 좋겠지만, 그렇게 하긴 너무 어려운 거 같아. 그러니까 각자 원하는 필통을 사자. 나도 내가 처음 골랐던 필통을 살게."

"그건 그러네. 괜히 필통 때문에 말다툼 벌일 일은 없잖아?"

효진이는 효정이의 말에 찬성하며 효주를 바라보았다.

"바보, 그 생각을 왜 이제야 말하냐?"

말은 그렇게 했지만 효주의 얼굴은 웃고 있었다.

"그럼 모두 찬성하는 거지?"

효정이는 둘을 번갈아 보며 확인을 받으려 했다.

"그래, 우리가 말다툼을 벌이지 않고 모두 찬성할 수 있는 건 이것밖에 없는 거 같다."

"이것밖에라니? 엄청난 생각인데. 왜 진작 이런 생각을 못했나 몰라. 그랬다면 지금쯤 문구점에 있는 물건을 전부 다 사 모았을지도 몰라."

효진이는 손을 갈퀴처럼 모으고 쓸어 담는 시늉을 하면서 익살을 떨었다. 효주는 쓱쓱 소리까지 내며 함께 흉내를 냈다.

까르르까르르~

셋은 모처럼 함께 웃을 수 있었다.

대화의 기술 · 여섯
효과적인 자기주장, 어떻게 해야 할까?

둘 다 같은 목표를 가진 것

　우리는 흔히 억지와 주장을 구분해서 말하지. 둘을 표현하는 말에도 차이가 있어. 억지는 '떼를 쓴다.' 라는 말을 할 때처럼 '억지를 쓴다.' 라고 표현하지만, 주장은 '말을 한다.' 라고 할 때처럼 '주장을 한다.' 라고 표현하지. 물론 억지와 주장은 말을 하는 사람의 태도에도 차이가 있어. 억지는 주장과 달리 미숙하게 행동할 때 더 많이 사용해.

　그런데 억지와 주장에도 공통점이 있어. 둘 다 자신의 의견에 따르도록 상대를 설득하기 위한 것이라는 거야. 하지만 억지로 설득하는 것은 대부분 실패하지만 주장은 성공할 확률이 훨씬 크지. 어떤 차이 때문에 그런 것일까?

대화의 단절과 대화의 지속

억지는 상대에게 생각할 틈도 주지 않고 계속 자신의 의견을 강요하기 때문에, 그 의견에 대해 서로 이야기를 나누기보다는 감정을 내세우게 될 수 있어. 그렇게 되면 양쪽 모두 속상한 상태로 대화가 끝나기 쉽지.

하지만 대부분의 주장은 자신이 왜 그러한 주장을 하게 되었는지 과정을 설명하고 상대의 의견을 구하기 때문에 양쪽의 대화가 계속될 수 있어.

다른 사람의 의견을 받아들이는 자세

억지와 주장의 또 다른 중요한 차이는 상대의 의견에 따라 자신의 의견을 수정할 수 있는지에 있어. 이건 서로 의견을 내놓을 때 반드시 자기 의견대로만 해야 한다고 생각하는 것이 아니라, 더 좋은 의견이 나왔을 때에는 언제든지 바꿀 수 있다고 생각하는 거야. 다시 말해 주장은 자신의 의견이 여러 좋은 의견 중 하나일 뿐이지 절대로 바꿀 수 없는 것은 아니라는 점을 인정하는 거야. 반대로 억지는 다른 사람들이 아무리 좋은 의견을 이야기해도 자신의 의견만을 고집하는 것을 말하지.

마무리는 언제나 즐겁게

앞에서처럼 상대의 의견을 존중하고 칭찬해 주는 대화는, 서로 억지만 부리다가 낯을 붉히고 속상하게 되는 일을 막을 수 있어. 뿐만 아니라 더 좋은 생각을 만들어 낼 가능성이 커지게 되지. 혹시 친구들과 의견을 나누다가 서로 감정이 상하게 되는 경우가 생기더라도 그대로 대화를 끝내기보다는 틀어진 감정을 해결하는 것이 좋아. "내가 너의 의견을 반대했다고 해서 너를 미워하거나 인정하지 않는 건 아니야. 우린 변함없이 좋은 친구잖아?" 라는 식의 말을 해 주는 것이 좋아. 어때, 친구들하고 이런 이야기를 나누면 좋지 않겠어?

그럼, 이제 자신의 의견을 효과적으로 주장할 수 있는 방법을 정리해 볼까?

> **효과적인 주장을 하기 위한 대화의 기술**
> - 자신의 의견을 내기 전에 먼저 다른 사람의 의견을 충분히 들어 본다.
> - 의견을 말할 때에는 감정적이 되지 않도록 논리적이고 차분한 태도를 취한다.
> - 상대의 의견을 존중하고 장점을 인정해 주는 말을 한다. 반대의 말을 할 때에도 장점을 인정하는 말을 먼저 하는 것이 좋다.
> - 상대의 의견에 반대할 때에도 감정을 앞세우기보다는 논리적인 설명을 하도록 한다.
> - 의견을 주고받은 뒤에도 대화를 즐겁게 마무리하도록 한다.

| 네 번째 마당 |

매체를 통한 대화

07 안 보여도 지켜야 할 전화 예절

여보세요, 누구세요

"여보세요?"

수화기를 든 엄마의 표정이 한순간에 일그러졌다.

"누구니?……혜정이네 집 맞는데, 네 이름이 뭐니?……유리? 그래, 알았다. 잠깐만 기다려라."

엄마는 혜정이에게 수화기를 건네주었다. 하지만 수화기를 들고 대화를 나누는 혜정이를 계속 탐탁지 않은 표정으로 주시하고 있었다. 혜정이는 엄마의 눈치가 보여 짧게 통화를 끝냈다.

"엄마 표정이 왜 그래?"

"너도 친구 집에 전화 걸 때 저렇게 하니?"

"무슨 소리야?"

"친구 엄마가 전화를 받으면 '안녕하세요.' 인사 먼저 하고, 자기 이름 말하고, 친구를 바꿔 달라고 해야 순서 아니야?"

"그런데?"

"유리인지 플라스틱인지 방금 전화 온 네 친구는 다짜고짜 혜정이 좀 바꿔 주세요, 하더구나. 쯧쯧쯧, 뭘 제대로 배우기나 한 건지. 넌 절대로 그러면 안 된다."

엄마는 유리를 몹시 못마땅해했다. 혜정이는 뭐라 친구를 감싸 주고 싶었지만 그러다간 괜한 불똥이 튈 것 같아 목구멍 속에서 나오려는 말을 꾹 삼켜 버렸다.

다음 날, 학교에서 혜정이는 만들기 과제를 집에다 놓고 온 것을 알고는 난감했다. 워낙 정성을 들인 것이기에 늦게 제출하면 점수를 깎일 것이 아까웠다. 그래서 엄마한테 혼날 각오를 하고 집으로 전화를 걸었다. 엄마에게 과제물을 학교로 갖다 달라는 부탁을 할 참이었다. 디리링 디리링 신호 음이 끊기자 "여보세요." 하는 소리가 들려왔다. 그런데 저쪽에서 들려오는 목소리는 왠지 낯설었다. 혜정이는 자기도 모르게 "누구세요?"라고 물었다.

"나 참, 전화 건 사람이 누구냐고 물으면 어떡하니? 그러는 넌 누구냐?"

전화기에서 흘러나오는 목소리는 엄마보다 훨씬 나이 든 아줌마의 목소리였다.

"저 혜정인데요, 우리 엄마 좀 바꿔 주세요."

"허허, 혜정이가 누군데 여기서 네 엄마를 찾아?"

"앗, 죄송합니다."

혜정이는 얼른 전화를 끊었다. 이런 실수를 하다니……. 엄마가 나가기 전에 빨리 통화를 해야 하는데, 혜정이의 마음은 더 조급해졌다. 혜정이는 다시 전화를 걸었다.

"여보세요?"

이런, 아까 그 아줌마의 목소리가 들려왔다. 혜정이는 당황해서 그냥 전화를 끊어 버렸다.

'왜 이러냐…….'

혜정이는 다시 전화를 걸었다.

"여보세요?"

이런, 이런, 이런. 또 잘못 걸었다. 하지만 이번에도 그냥 전화를 끊기에는 미안한 마음이 컸다.

"죄송해요. 자꾸 전화가 잘못 걸려요."

"대체 몇 번에 전화를 건 거냐?"

"아, 2269-3377번이요."

"여긴 3378번이다. 그리고 얘야, 앞으로 전화 걸 때 먼저 네가 제대로 번호를 눌렀는지부터 확인해라."

다행히 아줌마는 화를 내지 않았다. 혜정이는 번호를 누를 때마다 확인을 해 가며 다시 전화를 걸었다.

"여보세요? 거기 2269-3377번이지요?"

"네, 맞습니다. 그리고 여긴 혜정이네 집입니다."

엄마는 혜정이의 목소리를 알아듣고 장난스럽게 말했다.

"엄마!"

혜정이는 엄마의 목소리가 그렇게 반가울 수 없었다. 혜정이는 엄마에게 사정 이야기를 하고 과제물을 가져다 달라는 부탁을 했다. 엄마는 우리 딸이 예의 바르게 전화를 걸어서 이번 한 번만 특별히 봐주는 거라며 혜정이의 부탁을 들어주었다.

엄마와 통화를 마치고 나자 유리가 생각났다. 혜정이는 유리에게도 전화 예절을 갖추도록 말해 주어야겠다고 생각했다. 혜정이는 유리에게 오늘 자신이 세 번씩이나 틀린 번호로 전화를 걸었던 이야기를 들려주었다. 혜정이는 자기가 처음부터 제대로 전화를 걸

었는지 확인했더라면 이런 실수를 계속해서 하지는 않았을 거라고 말했다. 그리고 어른이 전화를 받는 경우 먼저 인사를 하고, 자기 이름을 밝히는 것이 좋겠다는 이야기를 덧붙였다.

며칠 뒤, 혜정이는 전화벨 소리에 수화기를 들었다.

"여보세요?"

수화기에서 잘 아는 목소리가 들려왔다. 유리였다.

"거기 2269-3377번이지요?"

"네, 맞는데요."

혜정이는 시침 뚝 떼고 대답했다.

"안녕하세요? 저 혜정이 친구 유린데요, 혜정이와 통화할 수 있을까요?"

"헤헤헤헤, 유리야. 나야, 혜정이."

"뭐야? 너희 엄만 줄 알았잖아."

"헤헤헤, 더 놀려 줄걸 그랬지? 그런데 유리야, 너 이렇게 전화하니까 되게 멋져 보인다."

"뭐야? 놀리는 거야? 하긴 내가 좀 멋지긴 하지."

둘은 깔깔거리며 한참을 웃었다. 하지만 먼저 전화번호를 확인하고 인사를 하며 자신을 밝히니 유리가 훨씬 멋지고 예의 바르게 보인 것은 사실이었다. 아, 그래서 전화 예절이 중요한 건가? 쿡쿡.

대화의 기술 · 일곱
전화로 하는 대화, 어떻게 말해야 할까?

또박또박 말하는 것이 전화 통화의 기본

　전화 통화를 할 때 가장 기본적으로 지켜야 할 것은 또박또박하고 적당한 크기의 음성으로 말을 하는 거야. 자다가 일어난 것처럼 늘어지고 힘없는 말투나, 귀가 따가울 정도로 쩌렁쩌렁한 목소리는 전화를 받는 상대의 인상을 찌푸리게 하지. 밝고 기분 좋은 목소리로 걸려 온 전화에 함부로 대답하는 사람은 드물 거야.

전화 통화의 시작과 마무리

　신호 음이 그치고 상대가 전화를 받은 것이 확인되면 제일 먼저 해야 하는 말이 있어. 이것은 모든 사람하고의 약속과도 같아. 바로 "여보세요."라고 말하는 거지. 광고를 하는 사람들이나 회사에서 일하는 사람들은 "안녕하세요? 여기는 ○○○입니다."와 같은 말로 전화 통화를 시작하기도 하지만, 일반 사람들은 "여보세요."라고 말하는 경우가 훨씬 많지. 이건 상대를 부르는 말이면서, 전화 연결이 잘되었는가를 확인하는 말이기도 해. "여보세요."라는 말을 한 뒤에 인사와 자기소개, 상대를 확인하는 말 등을 이어서 할 수 있어. 그런 다음 필요한 말을 시작하는 거지.

전화 통화를 끝낼 때에도 다짜고짜 끊어 버리는 것보다는, 간단한 마무리 인사를 하는 것이 좋아. 너도 자기 할 말만 다 하고 끊어 버리는 전화에 기분 나빴던 적이 있지 않니?

전화를 끊을 때는 상대가 자신의 말을 분명히 알아들었는지 확인하는 것은 물론, "안녕히 계세요." 내지는 "감사합니다."라는 말을 해야 해. 만약 친구에게 걸려 온 전화라면 "안녕! 또 전화하자."와 같은 인사말을 건넬 수 있겠지?

다른 사람을 위한 전화 받기

집으로 걸려 온 전화가 모두 나를 찾는 것은 아니잖아? 부모님이나 형제들, 때로는 잠시 방문한 손님을 찾는 전화가 걸려 올 수 있어. 이럴 때도 예의를 갖추는 것이 필요해. 다음에 나오는 두 가지의 경우를 보면 좀 더 쉽게 이해할 수 있을 거야.

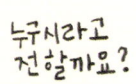

전화기는 음성을 매우 민감하게 전달하기 때문에 다른 사람을 바꿔 주면서 하는 말이나 수화기를 내려놓는 소리가 상대에게 전달될 수 있어. 그러니 전달하는 말이나 행동을 조심해야 하지. 가끔씩 상대가 찾는 사람이 집에 없을 수 있지. 이런 때에도 예의를 갖추는 게 필요해. 전화기를 통해 모습이 전해지는 건 아니지만 전화를 받는 사람의 마음이 그대로 전달될 수 있거든.

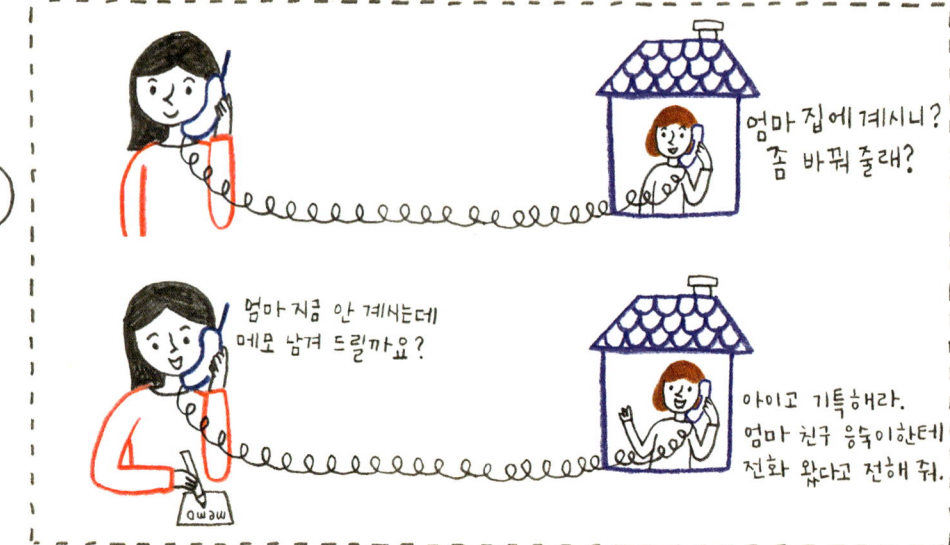

잘못 걸려 온 전화에도 예의가 필요해

때론 잘못 걸려 온 전화가 있을 수 있어. 이런 경우 잘못 걸었다고 화를 내면서 그냥 전화를 끊어 버리는 사람도 있는데, 이게 그렇게 화낼 일은 아니지. 오히려 몇 번에 전화를 걸었는지 확인해 보고, 틀린 번호로 계속 전화를 거는 실수를 하지 않도록 도울 수 있어.

전화 통화는 상대의 얼굴이나 상황이 보이지 않기 때문에 의도하지 않은 일로 오해를 받기 쉬워. 그리고 상대의 말투나 억양에 쉬이 기분이 상하기도 하고 말이야. 그러니 상대와 나 모두 예의 바른 말과 행동을 하도록 노력한다면 항상 기분 좋은 전화 통화를 할 수 있겠지?

기분 좋은 전화 통화를 위한 대화의 기술

- 전화 통화 전에 목소리를 가다듬어 또박또박하고 밝은 음성을 낼 수 있도록 한다.
- 통화를 시작할 때 "여보세요."라는 말과 통화를 끝낼 때 "안녕히 계세요."라는 인사를 하도록 한다.
- 전화를 걸었을 때 자신이 누구인지 밝히고, 전화를 받을 때에도 상대가 누구인지 확인한다.
- 다른 사람에게 전화를 바꾸어 줄 때 수화기를 거칠게 내려놓거나 말을 함부로 하지 않는다.
- 다른 사람에게 전할 사항은 확실하게 메모해 두는 습관을 기른다.
- 잘못 걸려 온 전화에도 예의를 갖추어 잘못 걸었다는 사실을 말해 준다.

08 문자 메시지, 편지에도 예절이 필요해

장난 문자 메시지

명진이는 어렵사리 소인이의 휴대 전화 번호를 알아냈다. 명진이는 옆 반 준영이에게 줄넘기를 빌리러 갔다가 소인이를 처음 보게 되었다. 첫눈에 반한다는 것이 이런 일을 두고 하는 말이었을까? 명진이는 어깨 넘어 허리까지 닿을 듯 곧게 뻗은 까만 생머리에 하얗고 갸름한 얼굴의 소인이를 보는 순간 심장이 덜컹 내려앉는 것만 같았다. 소인이는 한 달 전에 전학을 왔다고 했다. 명진이는 준영이를 일주

일이 넘도록 달달 볶아 댄 끝에 번호를 알아낸 것이었다.

　수업 시간에도, 학원에서도, 명진이는 쪽지에 적힌 소인이 휴대 전화 번호만 쳐다보고 있었다. 어떻게 해야 할까? 일주일 동안은 휴대 전화 번호만 알아내면 뭐든 다 할 수 있을 것 같았는데, 막상 번호를 알아내고서도 어찌해야 할 바를 몰랐다. 저녁 식사를 하고 나서도 명진이는 자기 방에 틀어박혀 이러저리 휴대 전화만 만져 댔다.

　'용기를 내자!'

　명진이는 휴대 전화를 열어 꾹꾹꾹꾹 버튼을 눌러 댔다.

　하이룽 ㅋㅋㅋ
　님좀짱인듯
　ㅋㅋㅋㅋㅋㅋ

　그리고 눈을 질끈 감으며 전송 버튼을 눌렀다.
　한참을 기다린 것 같은데 답이 없었다. 하루 종일 벼르고 별러 문자 메시지를 보낸 건데 답이 없으니 명진이는 슬쩍 부아가 올라왔다.

머하삼?ㅠㅠ

오나전 열바듬

답주삼 ㅋㅋㅋ

두 번째 문자 메시지에도 소인이는 묵묵부답이었다.

씹냐? ㅋㅋㅋㅋ

세 번째 문자 메시지에도 마찬가지였다. 답을 받기는 틀린 일이었다.

다음 날 명진이는 준영이네 교실로 갔다. 이번에도 줄넘기를 빌렸다. 저번처럼 줄넘기를 잊고 온 것도 아니었다. 준영이에게 줄넘기를 받으면서 소인이를 슬쩍 쳐다보았다. 소인이는 다른 여자아이와 뭔가 심각한 이야기를 주고받는 것처럼 보였다.

"야, 어떻게 됐어?"

준영이가 물었다.

"문자 메시지 보냈는데 답도 없다."

명진이는 풀이 죽어 대답했다.

"뭐라고 보냈는데?"

"그냥, 우리끼리 하는 거랑 똑같지, 뭐."

"저런 저런, 쯧쯧."

"뭐야?"

"여자애들은 멋진 말을 좋아한다고. 감동적인 구절이라도 따다가 써야지."

준영이는 자기가 무슨 연애 박사나 되는 것처럼 아는 체했다. 그래도 명진이는 준영이의 말을 귀담아들었다.

노래 가사를 적어 보낼까? 팝송이 좋겠지? 그래야 좀 있어 보이지 않겠어? 명진이는 또 하루를 팝송 가사 찾는 데 보냈다. 인터넷에서 애인에게 불러 주면 좋을 팝송을 열심히 검색해 보았다. 그리고 저녁나절 다시 소인이에게 문자 메시지를 보냈다.

So many nights
I'd sit by my
window waiting
for someone to
sing me his song

명진이는 영어로 문자 메시지를 보내는 자신이 왠지 자랑스럽게 느껴졌다. 그리고 이번에는 틀림없이 소인이가 감동받아 답장을 보내 줄 거라 생각했다. 하지만 답장이 없었다. 명진이는 그다음 가사들을 연달아 보냈다.

So many dreams
I kept deep inside
me alone in the
dark But now
you're come along

And you light up
my life You give
me hope to carry
on You light up my
days And fill my
nights with song

이렇게 비장의 무기를 연속해서 보냈는데도 소인이는 여전히 답이 없었다. 다음 날 명진이는 다시 준영이를 찾아갔다.

"너 땜에 망했다."

준영이에게 원망의 말을 하면서도 명진이의 눈길은 계속 소인이 쪽을 향하고 있었다.

"무슨 소리야?"

"팝송 가사 엄청 찍어 보내도 답이 없다."

"소인이 취향이 그게 아니었나?"

"뭐야?"

"이번엔 유머로 해 봐라. 쟤가 보기보다 터프한가 보다."

명진이는 준영이가 하라는 대로 하고 있는 것이 조금은 한심하게 느껴졌지만, 달리 뾰족한 수도 생각나지 않았다. 이번에도 열심히 인터넷 검색을 해서 재미있는 문자 메시지들을 찾았다. 그리고 저녁때 다시 소인이에게 문자를 보냈다.

니가힘들고지쳐
쓰러질때 ♡ ♡ ♡
내가너에게달려가
말할게얼레리꼴레
리자빠졌대요 ♬

명진이는 자기가 찍어 놓은 문자 메시지를 보고도 웃음이 나왔다. 이쯤이면 소

111

인이도 뭐라 답장을 할 것이 틀림없다고 생각했다. 하지만 여전히 답장이 없었다. 명진이는 다른 문자 메시지를 보냈다.

너무하네 ♡ ♡ ♡
난파하는데 ^^;

그래도 답이 없었다. 그렇다고 여기서 포기하랴? 삼세판은 맞출 결심을 하고 다시 문자 메시지를 보냈다.

```
        ( \ ( \
ZZzz...(_ _ )
        ( ")( "))
```
맨날자냐?토깽아?
너한테문자받고잡

'요 귀여운 토끼를 보고도 답을 안 하면 이소인 넌 여자도 아니다!' 라고 생각하고 있는데, 휴대 전화 벨이 울렸다. 소인이였다. 드디어 왔구나! 명진이는 흠흠 목소리를 가다듬고 최대한 멋진 목소리로 전화를 받았다.

"여보세요."

"너 누구냐?"

전화기에서 낯선 남자의 목소리가 들려왔다. 아니 이게 웬일이래?

"에? 예. 전 명진인데요."

"그래? 난 소인이 아빠다."

소인이 아빠? 명진이는 너무 놀라서 말을 잇지 못했다.

"명진이가 누군지 모르겠지만 계속 이런 장난 문자 메시지 보내면 혼날 줄 알아라. 네가 누군지 알아내는 건 어려운 일도 아니고, 한 번만 더 보내면 네 부모님을 찾아가겠다. 알았냐?"

소인이 아빠는 그대로 전화를 끊어 버렸다.

장난 문자 메시지라니? 난 무척 진지했는데……. 명진이는 오해를 받았다고 생각했다. 심장이 벌렁벌렁 뛰고 손이 부르르 떨려 오는 건 억울해서라기보다는 너무 놀란 탓이었다.

다음 날 학교에서 명진이는 쉬는 시간에 준영이를 찾아가 따질 생각만 잔뜩 하고 있었다. 아침 조회 시간에 선생님 말씀도 제대로 듣지 않았다. 그런데 귀가 번쩍 뜨이는 말이 있었다.

"내가 어제 문자 메시지를 한 통 받았는데 말이다."

문자 메시지? 설마, 소인이 아빠가? 명진이는 입에 침이 마르는 것을 느꼈다.

"너희들은 이런 문자 메시지를 어떻게 생각하냐?"

"뭔데요?"

선생님 말씀에 아이들도 궁금해했다.

"내가 그대로 읽어 줄게. '안뇽? ㅋㅋㅋ 샘 뭐 하셈? 난 걍 잇어염~ 오늘도 조은 하루 되셈. 빠룽.'"

아이들은 웃음을 터뜨렸다.

"너희들이 웃는 이유가 뭐냐?"

선생님 표정은 사뭇 진지했다.

"그냥 웃겨서요."

한 아이가 대답했다.

"그래? 너희는 그냥이라고 대답했지만 내가 이런 문자 메시지를 받았다는 것에 웃는 이유는 뭔가 적절하지 않기 때문 아니냐?"

"맞아요. 친구한테 보낸 거 같아요."

"뭐냐, 선생님이 친구냐?"

선생님의 질문에 몇몇 아이들이 더 대답을 했다.

"누가 이거 제대로 번역 좀 해 봐라."

"선생님, 안녕하세요? 별일 없으세요? 저도 그래요. 오늘도 좋은 하루 보내세요. 안녕히 계세요."

명진이는 자기도 모르게 말을 이어 갔다. 듣고 있던 아이들은 "우와!" 하고 탄성을 질렀다.

"그렇구나. 명진이가 아주 제대로 고쳐 주었구나. 그런데 뭐가 하나 빠진 거 같은데?"

"누가 보낸 거예요?"

"글쎄다, 전화번호를 알아보면 되겠지만 지금은 알 수 없구나."

"혜수 올림."

아이들은 동시에 혜수를 바라보았다.

"죄송해요, 선생님. 전 그냥 안부 문자 메시지 보낸 건데……."

"아니다, 말해 줘서 고맙다. 하지만 친구한테 보내는 문자 메시지하고 어른에게 보내는 문자 메시지는 구별해야 하지 않을까? 그리고 자기가 누구인지 밝히는 것도 잊지 않고 말이야. 그랬다면 선생님도 무척 기분이 좋았을 텐데 말이지."

선생님의 말씀을 듣고 있던 명진이는 뭔가 망치 같은 것으로 얻어맞은 느낌이었다. 자신이 삼 일 연속 소인이에게 문자를 보내면서도 이름을 밝힌 적이 한 번도 없

었다는 사실을 깨달았다. 누군지도 모르는 사람에게 계속 문자 메시지를 받으면 충분히 불쾌한 장난으로 여길 수 있을 거라는 생각이 들었다.

명진이는 소인이에게 다시 문자 메시지를 보내기로 했다. 너무 늦지 않은 시간에 보내기 위해 학원 수업이 시작하기 전 휴대 전화를 꺼냈다. 소인이 아빠는 한 번만 더 문자 메시지를 보내면 혼쭐을 내겠다고 했지만, 오해는 풀어야겠다는 생각에 용기를 내어 버튼을 눌렀다. 꾹꾹꾹꾹…….

> 안녕? 난 3반 명진
> 이야. 준영이에게
> 네 번호를 받았어.
> 그동안 문자는 미
> 안해. 난 너와 친해
> 지고 싶어서 그랬는데
> 오해 없길 바란다.^^

답장 같은 건 기다리지도 않았다. 그런데 얼마 지나지 않아 뽀로롱, 문자 메시지 도착을 알리는 소리가 들렸다. 소인이었다. 그렇게도 기다리던 때에는 답이 없었는데, 답장 받기를 포기한 지금은 바로 답이 오다니……. 게다가 소인이의 문자는…….

그랬구나. 오해는
풀렸어. 나도 전학
온 지 얼마 안 돼서
친구가 많았음
좋겠어. 우리 친하게
지내자 *^^*
-소인-

명진이는 "야호!" 소리를 질렀다. 그리고 갑작스런 소리에 명진이를 바라보는 아이들을 향해 양손을 번쩍 들어 브이 자 표시를 보냈다.

대화의 기술·여덟
글로 하는 대화, 어떻게 써야 할까?

문자 언어에도 규칙이 있어

　언어는 그 언어를 사용하는 사람들과의 약속을 통해 만들어 낸 의사소통 규칙이라고 할 수 있어. 그렇기 때문에 한 나라의 언어와 다른 나라의 언어에는 서로 다른 규칙이 있고, 그 규칙을 모르는 상태에서는 소통하는 일이 어려운 것이지. 이런 규칙은 문자를 사용하는 데에도 마찬가지로 적용돼. 문자를 함께 사용하는 사람들 사이에 서로 일치하는 규칙을 가지고 있어야 소통이 가능한 거야.

　그런데 요즘 이런 공통의 규칙을 깨고, 소수의 사람만이 공유하는 규칙을 가지고 의사소통을 하는 경우가 있어. 인터넷을 사용하는 사람들끼리 사용하는 인터넷 용어나 소수 집단에서 사용하는 약어 같은 것이 그 예가 될 수 있지. 물론 이런 말들이 사람들에게 재미를 주기 때문에 널리 알려져 있는 경우도 있지만, 그 말을 잘 알지 못하는 사람들에게는 이해하기 어렵거나 무례한 말처럼 느껴질 수 있어. 그래서 공식적인 문서나 회의석상에서는 이런 말들을 사용하지 않는 거야.

우리가 학교에서 이런 가정 통신문을 받았다고 가정해 보자.

> **가정통신문**
>
> 부모님 보3
> 하이루!
> 이번 기말시험 성적표를 보냈으니 확인하셈.
> 성적 안 나왔다고 OTL 금지.
> 듣보잡 욕 금지.
> 성적 잘 나왔다고 자뻑금지.
> 열공격려 지대로 해서 다음번
> 시험에 열중하도록 도와주셈.
>
> 6학년 3반 쌤

어때? 무슨 말을 쓴 것인지 이해하는 부모님도 드물겠지만, 예의 없는 선생님이라고 생각하는 것은 물론이고 선생님에 대한 부모님의 신뢰도 바닥으로 떨어지게 될걸? 만약 이런 선생님이 있다면 학교가 발칵 뒤집힐 거야. 어쨌든 이런 예를 든 것은 글로 의사소통을 할 때 반드시 규칙과 예의를 지켜야 한다는 것을 강조하기 위해서야. 하지만 규칙과 예의는 이런 공식적인 문서에서만 필요한 것은 아니야. 웃어른들은 물론 친구들과 편지나 문자 메시지를 주고받을 때에도 마찬가지로 규칙과 예의를 지켜야 하지. 이제 우리가 마땅히 지켜야 할 것에 어떤 것들이 있는지 차근차근 알아보도록 하자.

편지를 보낼 때는 이렇게

　친구들 사이에 쪽지를 건네는 경우도 있지만, 우리가 일반적으로 편지라고 할 때에는 문서가 우편을 통해 배달되는 경우를 말해. 이런 경우에는 순전히 종이에 적힌 글의 내용과 느낌으로 의사를 전달하게 되지. 따라서 깔끔한 글씨와 예의 바른 말투를 사용하는 것은 물론, 편지의 양식을 잘 지키는 것이 중요해. 나라마다 정해진 규격의 편지 봉투를 사용하고, 봉투에는 보내는 사람과 받는 사람의 주소를 쓰는 위치가 정해져 있어.

편지 봉투 쓰기

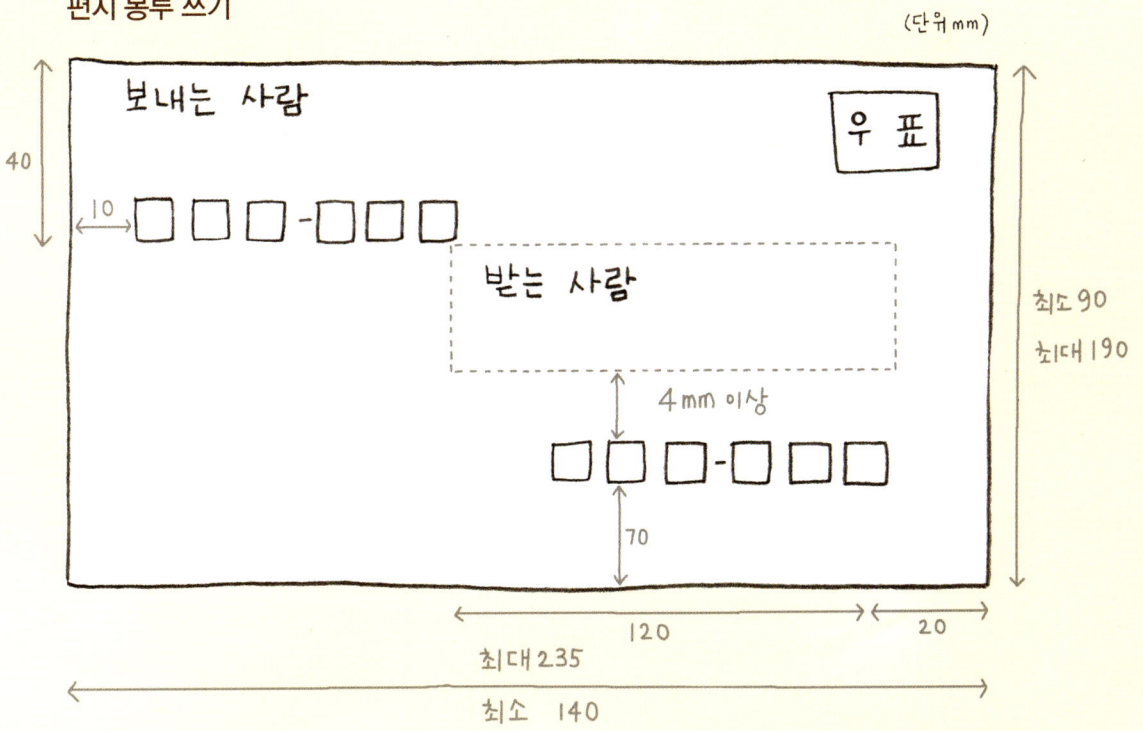

　이렇게 편지 봉투에는 보내는 사람의 이름과 주소 우편 번호까지 정확하게 적어 주어야 해.

편지 내용 쓰기

> 받는 사람의 이름
> (친구: ○○○에게, 웃어른 ○○○께)
>
> 인사말이나 안부를 묻는 문장
> 자신이 누구인지 밝히는 문장
> 편지로 말하고자 하는 내용이 담긴 문장들
> . . .
> 간단한 내용 정리를 하는 문장
> 인사말
>
> 날짜: ○○○○년 ○○월 ○○일
> 보내는 사람의 이름
> (친구 ○○○, 웃어른: ○○○ 올림)
>
> 추신: 추가로 덧붙일 말을 쓴다.

편지로 하고 싶은 말을 자유롭게 쓸 수 있어. 하지만 형식에 있어서는 위와 같은 양식을 따르는 것이 좋아. 특히 웃어른께 쓸 때는 이런 형식을 갖춘 편지가 예의 바른 거야.

문자 메시지에도 예의가 있어

요즘은 휴대 전화를 사용하는 사람들이 정말 많아졌어. 휴대 전화를 처음 사용하게 되는 나이가 초등학교 시기인 경우가 많을 정도로 말이야. 부모가 아이에게 휴대 전화를 사 주는 이유는 안전을 위한 것이 가장 많지만, 아이들은 부모님께 연락하기 위해 휴대 전화를 사용하기보다는 친구들 사이에 연락을 주고받기 위해 사용하는 경우가 더 많을 거야. 무엇을 위해 사용하든 간에 일단 휴대 전화를 쓰기 시작했다면 휴대 전화 사용의 예의를 지켜야 하지. 음성 통화를 위한 예절은 앞서 살펴본 전화 통화의 예절과 같아. 여기서는 문자 메시지를 주고받을 때 필요한 예의범절을 설명하려고 해.

먼저, 문자 메시지를 보내는 시간에 대해 생각해 보자. 친구와 만나서 이야기를 할 수 있을 정도로 충분히 가까운 거리에 있거나 수업 시간, 심지어 밤늦은 시간에도 서로 문자 메시지를 주고받는 친구들이 많을 거야. 하지만 아무리 중요한 말이라도 시간과 장소를 가리지 못한다면 상대에게 피해가 될 수 있어.

잠자리에서

수업 시간에

화장실에서

다음은 꼭 필요한 문자 메시지인지 생각해 보는 거야. "즐!", "ㅋㅋ"와 같이 앞뒤 설명도 없고, 무엇을 위해 보내는 것인지도 모르는 문자 메시지를 주고받는 경우가 있어. 그러고는 그런 문자에 답을 안 한다고 몹시 귀찮게 하기도 하고 말이야. 하지만 특별한 용건이 없는 문자 메시지는 시간과 돈을 낭비하는 것이 아닐까?

세 번째로, 가끔 우린 보낸 사람의 정체를 알 수 없는 문자 메시지를 받는 경우가 있어. 이미 이름과 전화번호가 저장되어 있는 사람도 아니고, 처음 보는 전화번호의 문자 메시지를 이름도 없이 받게 되면 정말 황당하지. 잘못된 문자 메시지나 스팸 문자 메시지인지 알아보기 위해 상대에게 전화로 확인할 수도 없고 말이야. 자신이 이런 문자 메시지를 받는 경우를 생각해서라도 친구나 다른 사람에게 문자를 보낼 때는 반드시 이름을 밝히도록 하자.

마지막으로, 때로는 이모티콘이나 약어, 은어를 사용하는 것이 재치 만점 센스쟁이처럼 보이게 할지 몰라도 너무 지나치게 사용한다면 오히려 무례하게 보일 수 있어. 특히 웃어른에게 문자를 보내는 경우는 더욱 그렇지. 때문에 자신이 아무리 문자 메시지 약어나 용어를 많이 알고 있다고 해도 상대가 알아들을 수 있는 수준에서, 예의에 벗어나지 않을 정도로만 사용하는 것이 좋아.

편지와 문자 메시지는 말로 전하는 것과 다른 느낌을 전달하고, 말로 하기 어려운 일도 함께 나눌 수 있게 만들어 주지. 단, 예의 바르고 적절하게 사용되는 경우에 말이야. 우리, 글을 이용한 효과적인 대화의 기술을 다시 한 번 정리해 볼까?

말보다 더 효과 좋은 문자를 이용한 대화의 기술

- 편지, 쪽지, 문자 메시지 모두 보내는 사람과 받는 사람의 이름을 분명하게 밝힌다.
- 휴대 전화 문자 메시지나 쪽지를 전할 때에는 먼저 문자나 쪽지를 전하기에 적절한 때와 장소인가를 확인한다.
- 글의 내용은 간단하고 분명하게 적는다.
- 친구 사이에도 지나친 약어, 은어, 인터넷 용어의 사용을 피하고 예의 바른 표현을 쓴다.
- 웃어른에게 편지나 문자를 보낼 때에는 존댓말과 공손한 표현을 쓴다.
- 불필요한 문자 메시지로 시간과 돈을 낭비하지 않는다.

지금까지 우리가 정리한 내용들은 반드시 실천하는 거야! 이미 알고 있다는 말이나 머릿속에 생각만 하는 것으로는 부족해. 우리의 일상생활에서 실천할 수 있을 때에라야 비로소 대화의 기술은 우리의 것이 될 수 있어. 그러면 웃어른들과 친구들, 다른 어떤 누구와도 좋은 관계로 지낼 수 있을 거야. 자, 우리 모두 해 보는 거야! 파이팅!

이주희	모과나무	147
이중현	사회적 거리두기	148
이지현	오픈 런	150
이진욱	불청객	152
이 하	껍질의 통점은 어디였을까	153
이향지	입장의 차이	154
임서원	보도블럭 영역	156
장 건	곤지암 역	158
장이엽	수국은 헛꽃을 피웠네	159
정수자	여행의 표정	160
정용국	볼로냐 블루스	161
정지윤	걸어가는 나무-아르볼 께 까미나	162
조삼현	연인도 아니면서	164
조영욱	눈물로 쌓은 산	166
조 정	동개冬盖	167
주석희	카사밀라, 카사바뜨요	168
주선미	갯뻘 신화	170
진 란	11월의 안부 한 입	172
차옥혜	매미가 운다	174
최기순	저녁의 산책	176
최자웅	입동 무렵	178
최경은	넝쿨이 되어	180
최병호	토리노의 감자	182
최태랑	0층	184
한경용	하얀 족속 12	185
한수재	소품	187
한우진	龘추	189
홍순영	베개	190

편집위원	김명철 김민효 김효숙 박남희 박설희 인은주 임경묵 조동범 주선미 한명환	

김태영	복사꽃	99
나금숙	사랑 이후의 halo	100
맹문재	거대한 주인	102
문창갑	풀이 경계를 넘어오니	104
문창길	이준 조선평화 열사	106
박남원	그리하여 아주 사소하게 나는	108
빅몽구	자작나무 옹이	110
박설희	곰배령	112
박소원	고사목 12	114
박홍점	자작나무는 늘 혼자 있는 기분이다	116
배경희	모과의 민주주의	118
배정빈	무당거미	119
서덕석	가을날, 숲에게 길을 묻다	121
서수찬	반딧불이	123
성두현	어머니	124
성향숙	빨강의 자서	125
신현락	감 잡는다는 것	127
연명지	통통한 날씨, 굿모닝	129
오영자	대만의 보석 박물관	131
오현정	절차탁마切磋琢磨의 달	132
온형근	백운동 홍시	133
윤한택	구진개 노을	135
이궁로	묘묘猫喵한 밤	136
이남순	운동회	138
이다빈	마지막 사랑	139
이덕규	그래도 잡초는 힘이 세다	140
이은유	탕정 블루	141
이 적	해적선 2	143

경기작가

2022년 창간 준비호

■들어가는 말
홍일선 평야여, 연둣빛 비의를 가르쳐 주소서 8
■창립선언문 10
■창립 기념 좌담
왜, 지금, 경기문학이어야 하는가? 13
-김남일 김명철 성향숙 윤한택 한도숙

■특집-기후 위기와 문학적 대응
한도숙 코로나19, 이후 한국 농업의 방향 48
이덕규 하늘 동업 농사의 위기 58
한명환 기후 재난과 문예 창작-서사적 서정시의 탄생 64

■회원 시
강기원 파도의 교실 74
강성애 미술시간 76
공광규 우리나라 사람들 얼굴이 보고 싶을 때 78
권성은 뿌리의 형식 80
김두례 달의 궁전 82
김명철 꽃잎의 후예 84
김 문 먼 곳들이 돌아오는 시간 86
김영욱 우리 야옹이 87
김영주 낡은 콘서트 89
김윤배 산자들의 방백傍白 90
김윤환 주맹증晝盲症 91
김춘리 Family 92
김은후 빗장 2 94
김희우 李씨의 오늘 95
김태수 1970년을 황칠하다 97